移行期的混乱

経済成長神話の終わり

平川克美

筑摩書房

文庫本のための端書

誰にでも見える表面にあるが、見落とすこと

目の前に見えているのに、気が付かない。

いや、あまりにもあからさまに見えているがゆえに見落とすということがある。そんなこと、あるわけないじゃないかと訝《いぶか》るむきもあるかもしれないが、それを実感したことがある。

二〇一一年の年が明けて間もないころ、わたしは横尾忠則さんにインタビューをするためにスタッフを連れて成城学園前にある氏のスタジオを訪ねた。横尾忠則は、時代の大きな変化の只中にあった六十年代後期に美術界に颯爽《さっそう》と現れ、以後常に脚光をあびてきたスターである。横尾忠則という名前は比類のない輝きを放つ偉大な先行者であり、わたしもまた常にその作品と言動に注目してきた。氏はわたしのような全共闘世代にとって、荒野に佇《た》つ「文化的指標」のような方であり、わたしたちは、緊張

してかれのスタジオの門を敲《たた》いた。

冬の冷気でひんやりとしたスタジオ内の壁面にはいくつかの制作中の作品が立てかけられており、現在進行中の作品の前には座布団が敷いてあった。

その作品のなかの一つは見覚えがあった。

二〇〇七年に描かれた「夢千代日記」という作品である。一度発表した作品を四年を経た後にもまだ手を入れていることにわたしは驚きを禁じ得なかった。

「絵に終わりはないんですよ」と、かれは言った。

そして、「この絵には秘密があるんですが、わかりますか」と続けた。

わたしは、自分が試されているような気持になった。

わたしたちは、食い入るように絵を眺め、それぞれ思い当たる奇妙な部分について指摘をしたのだが、横尾さんはそのどれにも首を横に振ってこんなことを言ったのである。

「それは誰にでも見える表面にあるのですよ。高名な美術評論家でも、それになかなか気が付かなかったんだけどね」

「夢千代日記」は早坂暁の同名の小説が、NHKでテレビドラマ化され、その折につくられた作品である。物語を髣髴《ほうふつ》させる夢千代が、画面の左に描かれている。舞台は

夢千代日記　2007年　1621×1303 mm
キャンバスに油彩　作家蔵

山深い地方の村で、画面両側に伸びる道路に挟まれて露天風呂が二つ。それぞれに裸の女たちが沐浴している。露天風呂の周囲には、ソフトクリームのようなモニュメント、男根や女陰をかたどった岩、赤い郵便ポストなどが配置されている。そしてタブロー全体はそれが舞台劇でもあるかのように、緞帳で囲まれている。見ているとどれも不思議なものばかりだ。不思議だがそれらは「不可能」なものではない。わたしたちの答えはどれも見当違いであったようである。

答えは簡単だった。この絵の中には、この世では絶対にありえない「不可能」が描かれていたのである。指摘されて初めてわたしたちはそれを理解した。画面上段の露天風呂にいる女六人と、画面下段の風呂にいる女六人はまったく同じ格好をした同一の人物たちであった。同じ時間の中の一つの空間に、彼女たちは偏在していたのである。

さて、二〇一〇年、わたしは人口減少と、低迷する景気、企業倫理の崩壊、格差の拡大、一向に安定しない政治状況をどのように捉えるべきだろうかという論考を書き進めていた。エマニュエル・トッドの「移行期危機」という言葉に触発されて、わたしには何か大きな文明移行期が切迫しているのではないのかという思いがあった。

しかし、その兆候がどこにどのように表れているのかを具体的に示す指標は、どこを探しても見出すことはできなかった。ただ、現在起きている上記の現象は、それ以前の社会的な混乱や事件とは異質なものであるということだけは感じていた。

それがなぜ起こり、何を意味しているのかについては、明確な答えをなかなか見出すことができなかった。

インターネットの中にある様々な数値指標を眺めながら、二〇〇六年を前後して日本の総人口が減少を始めたという事実は、確かに文明移行期的な現象を表象しているように見えた。そして、本書の五三ページに示した「日本の総人口の長期的推移」のグラフに出会ったのである。

わたしの目はこのグラフに釘付けになった。このグラフが指し示していることこそ、横尾忠則さんに指摘された「誰にでも見える表面にあるのに、なかなか気が付かない」ことであるように思えたからである。

わたしは、それに気づいて少しドキドキした。それというのは、日本の総人口が減り始めたということではない。確かに、日本の総人口が今日のように、極端かつ長期的に減少する例は他国にはないものだろう。わたしが注目したのは、このような総人口減少が、日本の有史以来、一度も経験していないことだということである。

そんなことは、誰でも知っている事実であるといわれるかもしれない。

勿論、このグラフを作成した総務省の担当者には自明のことだったかもしれない。しかしわたしにとっては、それは目から鱗が落ちるような発見であった。

日本の総人口が、歴史はじまって以来はじめて減少している。

当時政府はこれを「少子化傾向」と呼んでおり、その原因を将来に対する不安であると考えていたようである。経済的な不安であり、社会的な不安である。だから、それらを取り除いてあげれば、少子化は収まるはずだと。

事実、この推論にのっとって、経済的な支援策や、経済成長戦略なるものを策定していった。しかし、このグラフは少子化が将来に対する不安によるものなどではないことを明確に指し示している。将来に対する不安が人々の頭上に暗雲のように立ち込めていた時代、つまり戦国の世の中においても、戦争前夜においても、敗戦後の荒廃の中でも、日本人の総人口は減るどころか増え続けてきているのである。

では、将来の不安ではないとすれば、何が、日本の総人口の減少を促しているというのか。

それを探る論考を綴《つづ》ったのが本書である。

本書の中で、わたしは戦後の日本の人々の歴史、正史と呼ぶには些細な変化や、生活上の出来事を丹念に拾い出す必要があると感じていた。

読者は、あるいはわたしが単に、昭和三十年代の日本に対するノスタルジーに浸りたいだけだろうとか、現実の諸問題に対する対処法が何処にも書かれていないという不満を持つかもしれない。

しかし、たとえば高度成長期とは何であったのかというような近過去について考えるとき、いまやっとそれを冷静に分析することができるようになったという認識がわたしにはあった。

傍目八目《おかめはちもく》というが、戦後六十年という時間は、わたしたちが多少は見晴らしのよい場所に立つために必要な時間であったと思う。

つまり、わたしたちは戦後の高度経済成長や、それに続く相対的な安定期というものについて客観的に学ぶことができるようになったのである。

では、歴史を学ぶとはどういうことか。

歴史年表をひもとき、歴史の中に生起した出来事の因果関係を探り出す。こういった資料的な歴史の再構築は可能かもしれないが、それ以上に重要なことは、現在から時間を遡り、もう一度歴史の場面に自分を降り立たせることではないだろうかとわたしは思う。

言い換えるなら、近現代史の年表を頭で理解するのではなく、それらを体の中に入れるということだ。

少し前まではそれらはあまりに生々しい現実であり、その只中にいるときには、何が起きているのかを知ることができなかったのだ。

身体は成熟しているのに、精神は子どもであるという矛盾

本書を書いているとき、わたしは病床の父親の介護の最中であった。数年前まで、健康が取り柄だった頑固一徹の父親が、つれあいの死後みるみる弱って、ついには自力で歩行することも困難になっていった。夜中に何度も排尿のベルで起こされる日々を継ぎながら、少しずつ本書を書き進めていた。

国家の盛衰というものを、ひとりの人間の一生というもののアナロジー（類推）で語ることには慎重であるべきである。しかし、国家にも成長期があり、壮年期があり、やがて衰退してゆく時期があるということを考えないわけにはいかない。

戦後まもなく始まった高度経済成長期と、最近の停滞する経済を見ていればそのことは実感される。勿論、ひとりの人間の生涯と国家の盛衰はまったく異なる文脈の中にある問題であることは承知している。もし、そこに相同性があるとするならば、成長するということと、進歩するということ、つまりは時間の経過とともにひとも国も変化するということであり、その変化のなかには何か必然的な要素が含まれているということだけである。

増え続けてきた国家の総人口が、ある年代を境にして突如として減り始めるということの中には、必ず必然があるはずである。必然とは、原因と結果に還元できない歴史を貫く法則のようなものだ。この必然を名指すことはできないが、それがあることは確かなことだ。

人間の寿命はなぜ数十年なのか。そこには原因もなければ、結果もない。ただ、そういうものだというほかはない。

そのような人間に訪れる様相が、人間が発明した国家にも訪れることがあったとしても、不思議にはあたらないだろう。ただ、そういうものだというほかはないのだ。

しかし、人間はそういうものだというようなあいまいを許さない。だから、いまだに経済成長は可能であり、国家はやりようによっては進歩し続けるのだという信憑に就く。

科学技術の進展が、現下の世界の経済的停滞を打破してくれるに違いないと信じたい。

しかし、わたしが本書の中で見出したことは、現在の経済的停滞は、経済政策の瑕疵によって引き起こされたものではなく(もちろん、それがないとはいえないが)、歴史的な時間軸を想定するならば、経済成長の成果としてもたらされたものだということである。

別の言い方をするなら、日本の現在の経済状況は、経済成長を必要とする時代の終焉を意味している。

わたしは、本書の中で幾筋かの歴史的な必然の糸を探り出しながら、現在の日本に必要なのは、経済成長戦略ではなく、成長しなくともやっていける戦略だと書いた。幾人かの経済学者が、「とんでもない暴論である。日本は経済成長なしではやがて滅びてしまう。経済成長は日本にとって必須なのだ」といった論調の批判をしたとおもう。しかし、そこに日本が経済成長しなくてはならないという希望はあっても、どうすれば経済成長するのかという明確な理路を発見することはできなかったのである。

わたしたちは、今日過剰ともいえる性急さを生きている。

世界の変化は、めまぐるしく、アクティブにその変化に対応していかなければ置いてけぼりになってしまうという強迫観念がある。「バスに乗り遅れるな」「待ったなしだ」こういった掛け声で政策が決定されることも多い。

しかし、世界がめまぐるしく変化しているときほど、その変化の意味を知る必要がある。ときに、それがまだるこしく、迂遠なことのように見えようが、いま、ここで、なにが起きているのかについての出来る限り客観的な認識を共有する必要がある。

そのようにわたしは考えている。

そして、それは成熟国へと向かう、日本と日本人にとっても大切なことだと思う。長期的な人口減少が何故起きたのか。そのことの意味を考える以前に、ひたすら経済成長を望むのは、身体は成熟したのに精神は幼いままでいる老人を思わせる。

本書が、性急さに駆り立てられるひとびとが、落ち着いて、事物を時間をかけて観察し、成熟の意味を考えることへ就くきっかけとなることを願いたいと思う。

二〇一二年一一月一日

移行期的混乱　目次

移行期的混乱——経済成長神話の終わり

まえがき

本書はどう見積もってもビジネス書という範疇《はんちゆう》には入らないだろう。

当初は、ビジネス原理に関するわたしの前二作（『反戦略的ビジネスのすすめ』『株式会社という病』）に続く完結編を書こうと意気込んで書き始めたのだが、戦後日本人の労働意識を追って関連書物を読み、統計数字を分析し、会いたいと思っていた方々にお会いして話をお聞きし、あれこれと考えを書き連ねているうちに、いつの間にかビジネスというフィールドを大きく逸脱して戦後精神史論のようなところへ押し出された格好になった。

もともと最新のビジネストレンドには興味がなかったし、ノウハウ本のようなものは趣味に合わない。少なくとも自分はそのような情報本も指南本も読みたいとは思わない。読みたくない本の列尾に自分が一冊を加える気にならないのは当然だろう。だから、これまでも自分がビジネスの現場から拾い出してくるものは、働くことにはどんな意味があるのかとか、会社とはそもそもいかなる共同体なのかといった原理的な事柄に関わる問題に限られていた。原理的な問題には、答えというものがない。ただ、永遠に繰り返される問いの変奏があるだけである。それでも、自分たちの生きてきた時間の証として、新たな問いの変奏を付け加えることには意味があると思って作業を続けてきたのである。

ヒラカワの書くものには、明確な答えもなければ具体的な処方というもののもないというご批判をいただくことがあるが、はなから答えのないものだけを選択的に取り出して論じているのだから仕方がない。それが、わたしにとっての書くということの意味なのであり、本書においても事情は同じである。いつも「書かれなかった最終の一行」というものが、わたしが書き物を続けられる動機でもあるのだ。その最終の一行とはこういうものだ。

「さあ、ではわたし（たち）はどうしたらいいのだろう」

本書はビジネス書ではないと申し上げたが、当初はビジネス三部作の完結編というつもりで書き始めたものであり、本書が書かれる経緯とその位置付けについて最初に少しお断りしておきたいとおもう。

最初の著作『反戦略的ビジネスのすすめ』は、会社で働く人間とはどのようなものであり、会社で働くとはどのような意味があるのかということについて、自分のとぼしい体験と実感をひとつひとつ検証してゆくように考察を加えたものである。それまで、わたしは発表のあてのない文章をいくつか書き溜めていたが、質量ともに一冊の本にまとめられるようなものではなかった。幸運にもその一文が編集者の目にとまり、執筆のお誘いを受けた。わたしは、たぶんこれが最初で最後の著作になるだろうという気持ちで、自分の考えを自力の及ぶ限り煮詰めるということだけを心がけて書き進めていった。同書に、思考の匍《ほ》匐《ふく》前進のごとき停滞感が漂っているのは、上記の理由による。もちろん力量の不足ということも加えておくべきだろう。

　発表以後、同書に対する好意的な批評も、あるいは具体的な解決法が書かれていないではないかという批判も、概ね予想していた反応ではあったが、中にはまったく思いがけない反響もあった。ある女性編集者から、引きこもりの弟さんが、同書を読んで会社に復帰するきっかけとなったというお話をいただいたのである。このときは思わぬところから返礼を頂いたという気持ちになった。それがどのようなものであれ、読者がその読みの中から、かれらに切実な何ごとかを見出してくれるということは、書物にとってはこの上ない僥倖といってもよいだろう。

　そんなこともあり、わたしは積み残した課題である会社というものについても、それがどういった性格の共同体であり、どのような効能と毒を含むものであるのかについて、自らの会社経営の現場の中で拾い集めたとぼしい知見を点綴していった。それが、第二作の『株式会社という病』という本になった。

そして第三作にあたる本書は、市井に生きる普通のひとびとにとっての「働くことの意味」と「かれらがつくりだす社会」との関係について、自分が生きてきたのと同じだけ長い時間スパンの中で考察してみようという意図で書きはじめたものである。

当初のテーマは、会社と社会の関係について考えるということであった。

わたしの生年は、一九五〇年。そのときの記憶はもちろんないが、戦争で焦土と化した日本が漸く立ち直りの兆しを見せ始めた頃である。ただし、もの心がついてくる年齢に達したとき自分や弟が何を食べてきたかについては鮮明に覚えている。当時、わたしたちの食卓に並んだものは、今日のそれとはまったく違うものだ。ほとんど禅寺の朝餉《あさげ》のような一汁一菜。肉や魚を口にできるのは特別な日に限られた。

それから半世紀以上が経過した。記憶の断片からわたしが拾い出してきたものを並べてみると、その時々の風景が甦り、その風景の中に流れ込んでいた時代の空気、その匂い、その温度を感じることができる。

そのひとつひとつを点検しながら、わたしたちはどのような気持ちで働いてきたのか、その結果としてどのような社会がつくられてきたのかを考えてみる。

いくつかの小さなターニングポイントがあり、その時々の問題を解決し、次はどこへ向かおうかと周囲を見回し、お互いの顔を見ながら方位を決めてきたはずである。暗黙の了解もあれば、多数決による議決もある。どちらにせよ、多くの人々が同じ方位をめざし、努力を惜しまないという点では、そこに特徴的な国民的気質を読み取ることもできるだろう。

今日の日本の社会の断面をつぶさに観察していると、過去六五年間の、ターニングポイントにおけるわたしたちの集合的な労働意識、社会観が地層のように濃い集積の模様を作っている。

それらを一本の歴史として繋ぎ合わせれば日本という国家の、民主主義の発展の歴史と、今日に至る近代化の歴史が描き出せるはずだ。それは、わたしたちがそうしたいと望み、理想を実現してゆく歴史発展の物語のようにも見える。いや、それほど単純な話ではないとしても、わたしたちが今立っている時代というものが、どのようなものであり、これからどのように推移していくのかに関してのヒントがそこにはあるはずだ。

だが、ことはそれほど簡単ではなかった。

戦後の荒廃から立ち直り、高度経済成長の時代を経て、ひとびとの暮らしは便利になり、街の景観は一変したが、その変化の速度に合わせるように、次々と新しい問題が発生し、希望は徐々にしぼんでいき、代わって困惑が拡大しているようにも思える。

わたしたちが抱えている今日的問題、たとえば人口の減少、経済の停滞、企業倫理の崩壊、倒産や自殺の増加、格差の拡大といったことは、これまでも様々な対策が考えられてきたはずであり、わたしたちのだれも、このような問題が持ち上がってくることなど望んではこなかったはずである。にもかかわらず、これらの問題は社会が発展すればするほど、解決されるどころか拡大してゆくようにさえ見える。

人間とは、まことに自分たちが意図していることとは違うことを実現してしまう動物なのだと思う。いや、社会とは個人個人の思惑や行動の集合によって形成されるものだが、その結果はつねに個人の思惑や行動を裏切るように発展してゆくものなのだ。

なぜ、ひとは自分の意図とは別のことを実現してしまうのか。いったい歴史を動かすモメントはどのような構造になっているのか。

それはほとんど哲学的な問題であり、あまりにも大それた課題である。だが、同時にそのことを考えることを抜きにして、今日的問題を考えることもできないのである。

今日的問題を考えるということは、思考の方法それ自体を検証してみることでもある。なぜなら、わたしたちの思考法のなかには、今日的な問題を生んできたものと同根のものがすでに色濃く反映されてしまっているからである。

たとえば、ひとつの会社がある不祥事を起こす。会社が不祥事を起こすには、その会社の持つ意思決定システム、人事システムあるいは社員たちのモラルといったものの中に原因があり、その原因を取り除けば会社はまた健全さを取り戻すことができると考える。これが通常の問題摘出、問題解決のパターン的な思考だろう。今日では、この問題解決のパターンをどれだけ精緻に、かつ効率的になしうるのかが社会的な要請でもあるかのように思われることが多い。確かに企業社会の多くの問題はシステム上の問題として整理され、問題のあるシステムを速やかに変更することで現実的な解決を見ることができるのかもしれない。しかし、問題を起こしたとされるシステムや社員たちのモラルもそれらを解決しようとする思考パターンもその時代の社会が生み出した結果のひとつであり、その社会がうちに孕んでいった問題に加担してきたともいえる。

ややこしい言い方で申し訳ない。しかし、ほとんどの問題には短期的で合理的でクリスプな解決策があるが、同時にほとんどの問題はその解決策を生み出す発想そのもののうちにすでに孕まれているということを言いたいのである。

レトリックのように聞こえるかもしれないが、わたしたちはいつも次元の異なる問題に遭遇して、異なる次元を混同するような解決策を講じてしまうのだ。

二〇〇八年の秋にアメリカでリーマン・ブラザーズが破綻し、金融危機が瞬く間に世界に広がったとき、多くの評論家や政治家が「これは百年に一度の危機である」と言っていた。だからそれに対処するためにあらゆる金融対策を可及的すみやかに実行してゆかなければならないとも言っていた。そしてできるだけ早期に経済を回復し、成長軌道を取り戻す必要があるとも言っていたと思う。

わたしは、預金保護や失業対策などの緊急避難的な対策に関して専門家が、様々な可能性を論じ、それが実行されることに対してはまったく異存がない。それは緊急で現実的に処理されなければならない問題だ。しかし、もしこの問題が「百年に一度」の問題なのだとすれば、緊急避難的な対策によってはその問題の根本は何も解決されない。

「百年に一度」というスパンの問題であるならば、その問題を考える言葉遣いもまた百年の時間スパンに耐えうるものでなされなければならない。しかし、いまなされている言葉遣いは、この十数年間に慣れ親しんできたものでしかないように思われた。慣れ親しんできた言葉遣いとは、たとえば株主利益とか、レバレッジとか、時価総額とか、経済成長戦略とか、少子化対策とか、高齢化対策といったタームであり、右肩上がりの経済を前提とした言葉遣いのことである。戦後六五年という短い時間の幅だけでみても、このような言葉遣いが社会に流通したのはつい最近のことでしかない。

わたしは、これらの言葉遣いこそが「百年に一度の問題」のひとつの結果であり、これらの言葉遣いの中に、「百年に一度」の混乱の因子が含まれていると考えることから作業を始めたいと思う。

現在がどのような時代であるのかについて知るためには、百年前の経済的な事例を引き合いに出すだけでは何もわからないというべきだろう。

現在わたしたちが目にしている問題の多くは、文明の進展、技術の進歩、民主主義の発展、生活の変化というものが複合してもたらす、長い時間の堆積の結果として現れる現象と、急激に広がるグローバリゼーションの結果が、アマルガムのように溶着されて時代の表層に浮き出てきたものだろう。

息の長い時代背景の変化と、めまぐるしく変わる現象が共同して現在を構成している。第一章「百年単位の時間軸で時代の転換期を読み解く」は、この複合問題を考えるために、現在を規定している時代的文脈を解体する試みである。

いや、本書は全体としてわたしたちの「現在」とは何なのかを問いかけるために書かれたといってよい。そして、それを知るためにはわたしたちが現在用いている言葉遣いや価値観や金銭観、労働意識といったものが何であるかを知る必要があり、そのためにはそれら自体を解体する必要があるというのが本書でのわたしの立ち位置である。

つまり、本書は歴史的な「現在」に対するわたしじしんの立ち位置を確認するために書かれたといってもよいと思う。

第1章　百年単位の時間軸で時代の転換期を読み解く

転換期とは何を意味しているのか

わたしたちが今生きている時代とは、どんな時代なのか。

これが最初の問いである。何故これが最初の問いなのかといえば、これからわたしが語ろうとすることには、時代性というものが色濃く刻印されているからである。

時代性とは何か。

どんな時代にも、個人の思考は個人的な資質と、個人的な経験によって形作られる。百人いれば、百人の思考、感じ方がある。そう考えたいが、人は自分で思うほど自由に思考し、自由に感じているわけではない。自分たちがその一員であり、推しすすめているひとつの時代は、同時に自分たちの思考や感じ方に強い指向性を与えている。わたしたちはひとつの時代をつくるが、同時にひとつの時代によってつくられているといってもよい。

さしあたって、時代性とはわたしたちによく見えなかったものの総和が、ひとつの輪郭を見せはじめたときに事後的に名指す時間の帯のようなものだと考えてみる。

たとえばそれは、戦後復興の時代、高度成長の時代、一億総中流の時代、長期的停滞の時代というように名指されてきたのである。

本書においては、前二作と同様、働くとはどういうことなのか、ひとはなぜ働くのか、働いて何を得てきたのかといったやや抽象的な問題をめぐって議論をすすめることになるが、議論の背後にあるのはいつも現場で苦闘している会社であり、社会のなかで呻吟《しんぎん》している具体的な個人である。

抽象的な問題について語っているが、それらの問題とは、様々な矛盾を内部に孕んだ具体的な会社と、そこで働きながら瑣末《さまつ》な事象に振り回される具体的な人間の関係の中からしか抽象されない。特定の時代の、特定の地域の、観察可能なもの、つまり時間的にも空間的にも限定的なことがらについて考察することがなければ、抽象的な議論もまた意味をなさない。

ミレニアムから十年を経て、わたしたちの生きている社会はこれまでそうだったように、経済発展の過程にあり、近代化、都市化、脳化した風景を作り続ける途上にあるといえるのか、あるいは既に発展の頂点を極めて、生産と消費が平衡する停滞した社会へ向かっているのかと考えてみる。人間に喩えるなら、わたしたちの今生きている社会はいまだ成長の途上にあるのか、あるいは壮年期を迎えて、やがては老成へと向かっているのかを知らなければ、わたしたちじしんがどのように自らを規定し、どのような生活のリズムで生きるのがよいのかの指針を得ることができない。

年寄りの冷や水ということもあれば、若気の至りということもある。

どちらもありのままの自分とありうべき自分とが乖離していることに思いが及ばない。

年齢に相応しい見識と生活態度を獲得してゆくことは、誰にでも容易なことではないが、同時に誰にとっても重要なことであるに違いない。自らの立ち位置を知ることが、最初の問いであることの理由がここにある。

わたしは所謂《いわゆる》リーマン・ショックが起きた二〇〇八年に前後する時代を、大きな時代の転換期と捉えることから議論を開始しようと思う。

もちろんこれはひとつの仮説であり、それが仮説のままで終わるか、あるいは真相を穿っているかは、少なくとも数十年の後に歴史を振り返ることでしか検証することはできない。歴史というものは、その只中に存在しているものにとっては生きている現場そのものであり、時代のパースペクティブを概観するようにはできていない。舞台の上の演者が、同時に観客であることができないように、ひとは生きながら、同時に生きている自分を俯瞰することはできないのだ。

今が時代の転換期であるかどうかということの要因を、日々更新される日常の中に見出すのが難しいのはそういった理由による。

転換期とは、いつでも過去を振り返ったときにだけ事後的に確認することができる。現在を生きているわたしたちは、転換期の上に自分たちを発見するのではなく、わたしたちこそが時代に浮沈しつつ、それを転換させる当事者でもある。

それ故、わたしが、現在を転換期だと言うのは、将来の仮想的なわたしが、現在を批判的に検証するという立ち位置からの見解だということになる。

このいわば仮想の視座から、わたしたちの現在を観察してみよう。

わたしたちは、何を望んでいるのか。わたしたちは、どんな生活がしたいのか。わたしたちは、どんな風に思考しているのか。わたしたちは、何だったのかと。

転換期とは、時代をリードしてきた政治的、経済的、あるいは産業のパラダイムが、大きく転換してゆく過渡的な時代を示す言葉である。いや、それ以上にひとびとの生活を支えている価値観や倫理観が大きく変更されることを示している。それは時間的な過渡期というにとどまらず、空間的な変化という意味も含んでいる。この過渡期の間に、国内地図のみならず、世界地図そのものも大きく塗り替えられるからである。

何故そうなるのかはよくわからなくとも、百年の単位で振り返ったとき、あれがひとつの大きな転換期であったと納得できる時代というものは確かに存在する。

つねに歴史の根本原理に照準していた歴史家、網野善彦は、日本における大きな歴史的転換点が、一四世紀南北朝動乱期にひとつあり、現代は二番目の大きな転換点であるという認識を、いくつかの著作のなかで書き記している。[1]

網野が言っている転換点は百年あるいは千年の時間スパンのなかでの出来事である。その混乱期の前後で、社会の構造やひとびとの生活上の価値観が大きく変化するということであり、それは国家中枢の権力転換（政治的転換）とは必ずしも一致していないということも意味している。

歴史は、国家の権力の変転を中心にして描かれたものだけでは語りえない。歴史は、権力闘争に振り回され、あるいは辺境においやられて無視されたひとびとの生活の中にこそ鮮やかな痕跡を残す。だが転換点の中にいるひとびとにおいては、社会構成、構造、価値の転換は明瞭には意識されず、転換期的な混乱としてのみ意識に上るのみである。

ここに歴史的転換について語る難しさがある。

網野が見ている変化の指標は、たとえば村（共同体）、文字（識字率）、貨幣（金融）、畏怖と賤視（タブー）、女性（家族）、天皇（国家）というもので、南北朝動乱期というう時代のターニングポイント以前と以後では、いずれもその在りようも意味も大きな隔たりを見せている。たとえば、文字は室町期以前は、中国文化から受け継がれた漢字、真名が中心であったが、それ以後は日本固有の表記である仮名文字、あるいは仮名漢字混交表記が中心になった。また、貨幣経済圏やタブーといったものを共有する村落共同体の発生がこの時期から全国に広がっていった。とりわけ通貨の爆発的流通と商業、金融の発達はこの時代を、それまでの時代から大きく隔てることになった。何故そのようなことがこの時期の日本列島に起きたのかはにわかに断ずることができない。いくつかの変化の指標や、出来事の中にその兆候を見出すことはできても、結果として大きな歴史の断層ができたことを知るのはずっと後になってからの話である。変化の息吹を感じるためには、できうる限りの想像力を駆使して、その時代に降り立ち、その風を頬に受けてみる以外には方法がない。

とはいえ、わたしたちは、現代の生活実感や、価値観、言語観というものを遡って室町期までは理解が及んでも、それ以前の日本人の生活となると、現在を過去へと引き伸ばしただけでは実感を得ることが困難である。千年を経て、当時の王朝物語『源氏物語』を、翻訳とはいえ現在でも読みうることには驚きを禁じえないが、そうではあっても総人口が一千万人にはるかに満たない平安時代の、貴族ではない庶民の生活と、その生活意識といったものを想像することは難しい。翻って江戸庶民の生活意識ということならば、当時より今に伝承されてきた落語や浮世絵、文楽といった芸能のなかに、現在に地続きに繋がる庶民感覚を容易に発見することができる。

政治的な転換（権力の移動）と、社会的な転換（社会構造の変化）は、一致することもあれば一致しないこともある。変化とはいつも目に見えるものの中にあるとは限らず、その時代のただなかにおいて、それとは意識されることなくただ混乱の中に確実に進行しているものなのだ。

繰り返しになるが、転換期を見るには少なくとも百年を見渡す時間的なスパンが必要になる。政治権力の転換は見やすいことだが、共同体の変質、貨幣経済の変質、価値観の転換、生活感覚の変化は、一定の時間の経過を経て、事後的にしか確認することができない。

日本近代史をズームアップしてみるならば、封建的支配体制の下で鎖国政策を布いていた江戸幕府が崩壊し、国を開いて西欧列強に学び、民主主義的な政治体制と重工業の育成を中心にして近代化政策を開始した時代、さらには二つの大戦を経て荒廃した国土を復興し民主化を進めてゆく時代という区分が見て取れる。そして、それらはいわば「政治的・経済的」な転換期であったということになるだろう。ここでいう

「政治的・経済的」とは制度的な転換であり、上からの転換という意味である。

さてこれから、将来のわたしたちという仮想的な視座から見れば、現在が大きな時代の転換期であり、同時に現在は移行期的な混乱期であるという仮説を検証してみたいと思う。そして、この転換期とは日本が経済的、社会的に成長してゆく段階で起きたいくつかの「政治的・経済的」変化と同じものなのか、あるいは異質なものであるかを考えてみたいと思う。

異質なものというのは、政治的・経済的転換に対して、自然史的な転換といった意味である。それは、上からの転換ではなく、わたしたちじしんが我知らず身を貸し与えることで加担する下からの転換である。

リーマン・ショックの波紋

二〇〇八年九月一五日、アメリカで巨大金融資本であるリーマン・ブラザーズが破綻し、以後世界は大きな経済的混乱に陥ることになった。メディアも多くの専門家もこれを「百年に一度の危機」と形容したのは記憶に新しい。これは一九二九年のニューヨーク証券取引所の株大暴落に端を発した世界大恐慌を念頭に置いた言葉である。

二〇年代のアメリカは、自動車産業の発展と、大戦で疲弊した地域への輸出増加などによって、永遠に続くかのような経済的な繁栄を謳歌し、投機熱が煽られた時代であった。ひとくちにいえば、浮かれた時代だったのだ。

この浮かれ気分のなかで、過剰投資でバブル化した株式市場が一転して暴落したのである。経済史的な背景だけを眺めてみれば、行き過ぎた投機バブルが弾けたこの度のリーマン・ショックと相似的なものを連想させる。そして、事実、投機熱が高じてバブル化し、そこに流通するマネーが実物の経済から大きく乖離する。やがてバブルの破裂という形での強制的な市場修正が行われることは、歴史のなかで何度も繰り返されてきた。

一七世紀オランダのチューリップバブルに始まって、近年の日本の土地バブルの崩壊に至るまで、歴史的に繰り返されるバブル崩壊は、確かにパターン化した経済現象と見ることができる。くどいようだが、百年に一度とは、その影響の規模が二九年のニューヨーク証券取引所の株の暴落にはじまった世界大恐慌に匹敵するということである。しかし同時に、それはこの度の金融危機が、歴史的な景気変動、バブル循環の中での出来事であるということだけを言っているに過ぎない。つまり、経済の問題であり、量の問題に過ぎないということである。

わたしは、この度のリーマン・ショックは、単に景気浮沈という資金・資本流通の量的な問題ではなく、もっと質的な歴史的転換の中で起きた、移行期的な混乱であるという見方を提示したいと思う。その意味は、「政治的・経済的」な上からの制度的転換だけでなく、「社会史的・生活史的」な下からの構造的転換が起きているということである。

もちろん、上からの転換と下からの転換は、相互に関連しており、どちらが先だとは言えない。現代を移行期的な転換期だと捉えるなら、それは資本主義生産方式、デモクラシーを基盤として築かれてきた先進諸国の、ひとびとの生活意識そのものが揺らいでいるということになる。そして、その生活意識の揺らぎが最も顕著にあらわれているのが、最も急激に資本主義生産様式を駆け上ってきた日本なのである。

戦後、資本主義的生産様式を国家的なシステムとして採用し、国内産業を保護しながらも大きな経済成長を成し遂げ、さらには世界の趨勢に倣って自由貿易を推進しながら巨大な貿易国家を作り上げて現在に至った経済・産業発展のプロセスの背後で、日本人の生活の意識もまた大きな変貌を遂げてきた。リーマン・ショックは海の向こうで起きたことだが、その影響は日本を直撃することになった。ただし、リーマン・ショックがあったから、日本経済が混乱におちいり、ひとびとの生活意識が変わったのではない。順序は逆である。アメリカと日本を同等に論ずることはできないが、近代化のプロセスの中でひとびとの生活意識が大きく変貌し、それがひとつの時代的な転換点にまで到達したがゆえに、様々な混乱が起きていると見るべきだろう。

しかし、日本の多くの経済学者も、政治家もそのようには考えない。今回の経済危機はシステム運用上の失敗に過ぎず、経済的な施策によって行き過ぎた金融の信用創造に歯止めをかけることで再度新たな経済成長が期待できるはずであるという見立てである。現在わたしたちが抱えている諸問題、たとえば環境破壊や格差拡大、人口減少社会の到来、長期的なデフレーションなどは技術のイノベーションによって解決され、やがては市場が回復し、経済は成長の軌道へ戻される。今は、持続的な経済発展のプロセスの中での過渡的な挫折であり、大きな生産、交易、分配のシステムはこれ以後も変化することはないと考えている（この場合は構造転換は起きていないという見方である）。

繰り返し述べているように、わたしは現在を大きな時代の転換期であると捉えるべきだと思っている。ただし、アメリカに始まった金融崩壊がその要因であるというようには考えるべきではないと思っている。金融崩壊は、いくつかある移行期的な混乱のなかの一つの兆候を示しているに過ぎないと考えているからである。現在わたししたちが抱えている問題、つまり環境破壊、格差拡大、人口減少、長期的デフレーション、言葉遣いや価値観の変化などもまた、移行期的な混乱のそれぞれの局面であり、混乱の原因ではなく結果なのである。

戦後日本の経済成長率はどう推移したか

以後、これまで述べてきたことの根拠を探るために、具体的な指標について見ていこうと思う。まずは日本の経済成長率の推移について考察する。図表１は戦後経済復興が本格的にはじまる一九五六年から、サブプライムローン問題に端を発した米国経済の危機から世界同時不況に陥る二〇〇八年までの、わが国の経済成長率の変化をあらわしている。

このグラフを見ると、戦後六〇年の間に、経済成長率はほぼ二〇年（正確には一七〜一八年）をひとつの単位として、大きく三段階のサイクルで変化していることがわかる。戦後復興期から高度経済成長期にあたる五六年から七三年までは、平均で九・一パーセントの成長率を示している。現在の中国が北京オリンピック開催に前後して七パーセントから一〇パーセントの経済成長率を示しているが、民主化と都市化の進展のプロセスと、経済成長率の間には一定の相関が認められるということだろう。

七三年のオイルショックと変動相場制への移行を境にして、以降の一七年間の成長率は、明らかにそれ以前とは異なった兆候を示している。つまり、九パーセントから三パーセント台に落ち込むのである。この間もGDP自体は増加し続けているが、その伸び率には明瞭な変化が見てとれる。このことは、社会の発展が停滞したことを意味しない。この三パーセントの経済成長率の時代とは、わが国が一億総中流といわれる新たな国民階層を作り上げ、多くのひとびとが健康で文化的な生活を享受するに至った民主化達成の期間だからである。その前後の時代との比較から、私はこの期間を吉本隆明に倣って「相対的な安定期」と呼びたいと思う。それを可能にしたのは、もちろん戦後復興期から続いてきた持続的な経済的成長と、それによって可能になった国民一人一人の可処分所得の増加である。同時に、一国の産業を育成するために国家が果たした役割も大きい。

保護貿易政策や護送船団方式とよばれる官民一体の経済システムに守られた安定的な国民経済が大きく変化するのは一九九一年である。この戦後二度目にあたる変化(安定経済成長の終焉)は、単に一国内の経済状況の変化というにとどまらない。ソ連邦の崩壊や、牛肉・オレンジ輸入枠の撤廃など、安定と平静を保っていた日本経済

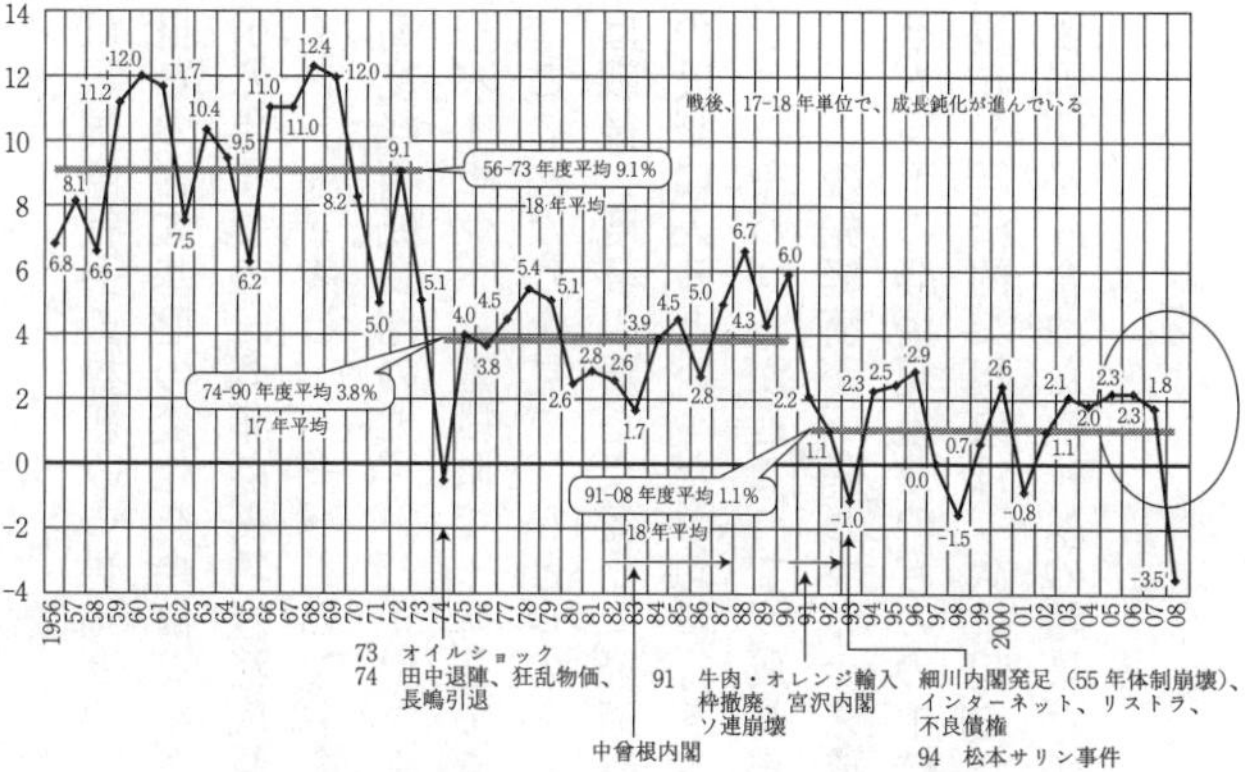

■図表 1　経済成長率の推移[2]
出典：「社会実情データ図録」（年表は著者）

は、国際社会の枠組みの再編という大きな挑戦を受けて、保護貿易から自由貿易へと自らの存立基盤の変化を余儀なくされたのである。九一年からリーマン・ショックの〇八年までの一八年の平均経済成長率は、それ以前の三・八パーセントから二・七ポイントも下落し一・一パーセントを示している。つまり、戦後の日本の経済成長率は高度経済成長期の九・一パーセント、相対安定期の三・八パーセント、停滞期の一・一パーセントと三段階で下降してきているのである。

この図だけを見て、ひとつのトレンドをつかまえようとすれば、〇八年の金融崩壊は戦後三度目の新たな変化（経済成長の終焉）の前触れであり、以後はマイナス成長の段階に入るといった予想に行き着くかもしれない。しかし、何か奇跡的なイノベーションやバブルが起こって、成長率が反転するという予想に根拠がないのと同じように、この先経済が下降しマイナス成長の時代が続くという予想にも根拠がない。そもそも現下の経済現象そのものの中に、将来の経済を占う根拠を見出すことはできない。現在の経済的な現象は、次に起こりうる経済局面の原因ではなく、経済以外の様々な要因が絡み合った複雑系の結果だからである。

経済成長の限界

本書では、経済指数とは別の指標によって、現在の社会状況を説明しようと目論んでいるのだが、その前にもうひとつの経済指標を見ておきたい。

図表2は、図表1で示した「経済成長率の推移」と同じ期間のGDPの推移を示している。当然のことながら、GDPが小さい時期には、その伸びしろが大きい。図表1の高度経済成長期がその時期にあたり、大きな経済成長率を示すことになる。点線で示してあるのは、前節で説明した戦後の三段階に分けられた経済成長のフェーズである。相対安定期にあたる七〇～八〇年代の成長率は三パーセントでGDPもまた旺盛な増加傾向を示しているが、九〇年代に入るとGDPそのものが頭打ちになっていることが分かる。成長率がゼロに近いのであるから、この結果は当たり前といえば当たり前のことである。しかし、経済が成長・増大するにつれて、成長率が低下する理由は当たり前のことではない。果たして一国の経済の成長には限界があるのか否かは、大変興味深いテーマだが、これまでほとんど真面目に検討されては来なかった。私たちはいくつかの仮説を用意し、その仮説の妥当性を検討する必要がある。

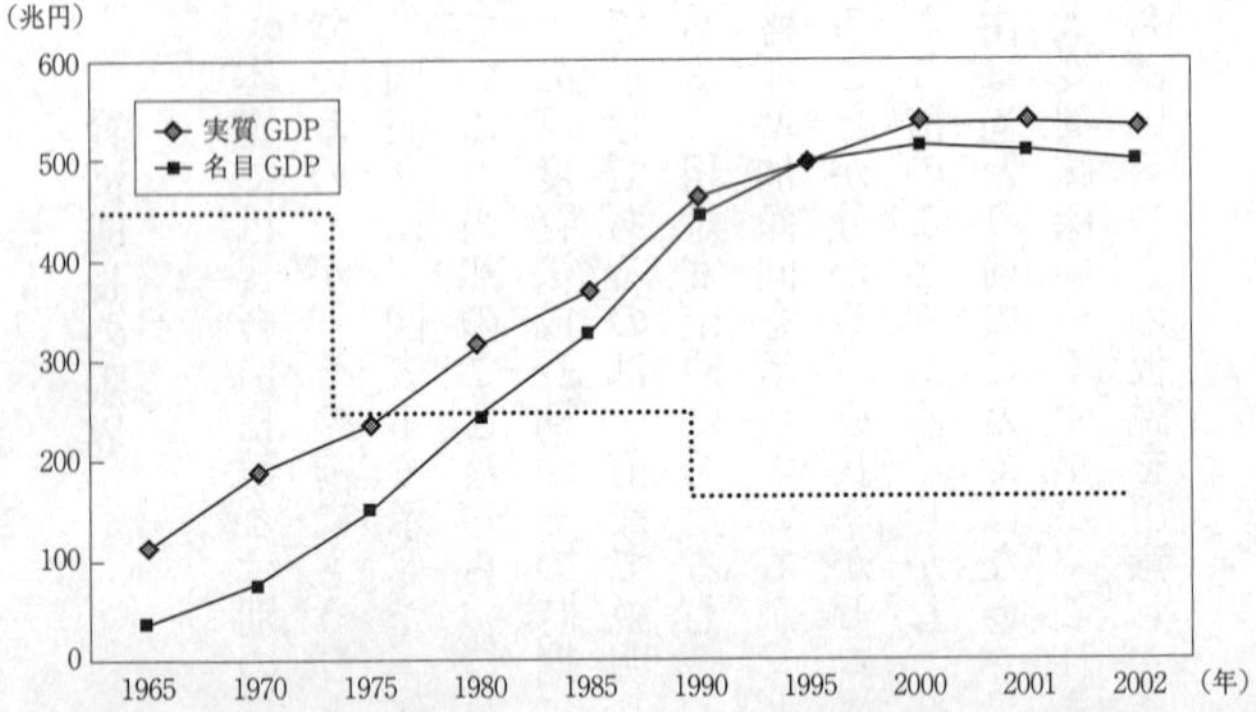

■図表２　日本のGDPの推移[3]
出典：文部科学省ホームページ。経済社会総合研究所公表の暦年データ（点線は著者）

人口動態と国民経済

民主化の進展、教育の普及、識字率の向上、女性の社会的な地位の上昇という一連のプロセスと出生率との間には、負の相関関係がある。これは、人口学者であるエマニュエル・トッドらが、世界中の国の社会構造の変化と人口動態を調査して得たひとつの仮説（収斂仮説）であり結論である。つまり、民主化の進展とそれにともなう女性の識字率上昇、地位向上とともに、人口は増大傾向から減少傾向へ推移するというのである。有史以来、ほとんどの国と地域で、宗教や制度を超えて、民主化が進展し女性の識字率が向上していくと、あるところから人口増大にブレーキがかかるという現象を示してきた。歴史というものは一回性のものなので、この仮説を覆すには将来の反証を待つ他はない。

ただ、もしもこの仮説が正しいとすれば、リーマン・ショック以降、わが国の経済・財政担当者、ビジネスリーダーの唱えている、人口減少に歯止めをかけ、もう一度経済成長の軌道を取り戻さなくてはならないという主張は原理的に考えて無理筋であるということになる。なぜなら、図表3に示すように、日本は相対安定期にあたる八〇年代に出生率が二を割り込み、総人口も、二〇〇六年をピークにして減少傾向を示しているからである(ちなみに米国はいまだに人口は増大傾向の国である)。

経済の再興のためには、出生率を上げる必要がある。そのためには出産手当や育児給付を篤くし、女性が安心して子供を産み育てる環境を整えることが急務であるという議論があるが、もし先に述べた収斂仮説が正しいとすれば、そのことの社会的な意義はともかくとして(わたしは国民生活の安定化対策としては、これらの政策は支持したいと思っているが)、出生率を上げるという遂行的な課題に関する限りは、その効果のほどは疑わしいということになる。この議論は、そもそも原因と対策がうまくマッチしていない。ましてや、経済成長を維持しなければ、人口が減り続け国家が衰退してしまう、あるいは人口を維持することが経済成長の条件であるといった議論は、本末転倒の議論だと言わざるを得ない。

この問題を正しく把握するには、もう少し長いスパンで、わが国の歴史を見渡してみる必要がある。

五三ページの図表4は、千年の時間スパンで日本の総人口推移を見渡した図である。この図を見ると明治新政府が誕生した頃より、人口が急激に増加している様子が明瞭に示されている。これに対して江戸時代後期までの一五〇〇年間は、人口は三〇〇〇万

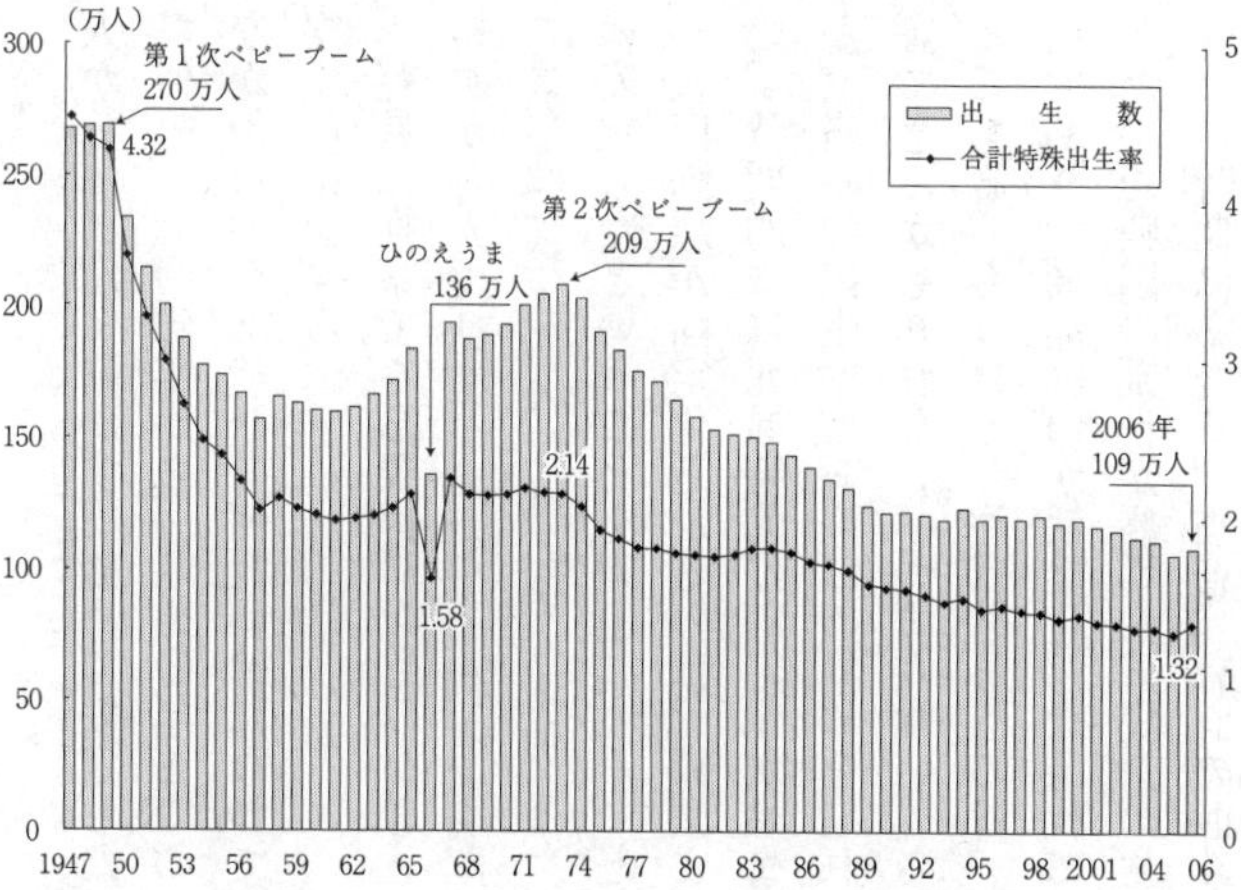

■図表3　出生率推移[4]
出典：資料「人口動態統計」厚生労働省大臣官房統計情報部

人からほとんど動かず、極めて安定した数値を示している。

何故一七〇〇年から一八五〇年までの一五〇年の長きにわたって人口動態が変化しなかったのか、そして何故明治になってから再び急激な人口増加が起こったのかは考察するに値する。

容易に推察できる要因のひとつは鎖国政策だろうが、鎖国令が布告された一七世紀初頭から人口動態が固定化されるまでには七〇年から八〇年の時間が経過しており（この間に総人口はほぼ二倍に増加している）、単純に鎖国によって社会が停滞もしくは安定したということを理由にすることはできない。

人口動態が固定化されるのは、鎖国よりはもっと別の要因に求めるべきかもしれない。時期的には元禄時代に固定化が始まるわけであるが、この時期に何が起こったのか。当時の出生率と総人口の推移を辿れば、幼年期の死亡率が上がっていることを立証できるかも知れない。つまり食いべらしのための子殺しが行なわれていたということである。もうひとつ注目されるのは、この時期が貨幣経済というものが確立した時期であり、商品経済が活発化した時代であったということである。それ以前の長期にわたった戦国の乱世が終焉し、民衆の生活は向上し、消費行動が活発化していったのがこの時期にあたる。当初、幕府の財政は、浪費が重なり税収も増えずに通貨量が不

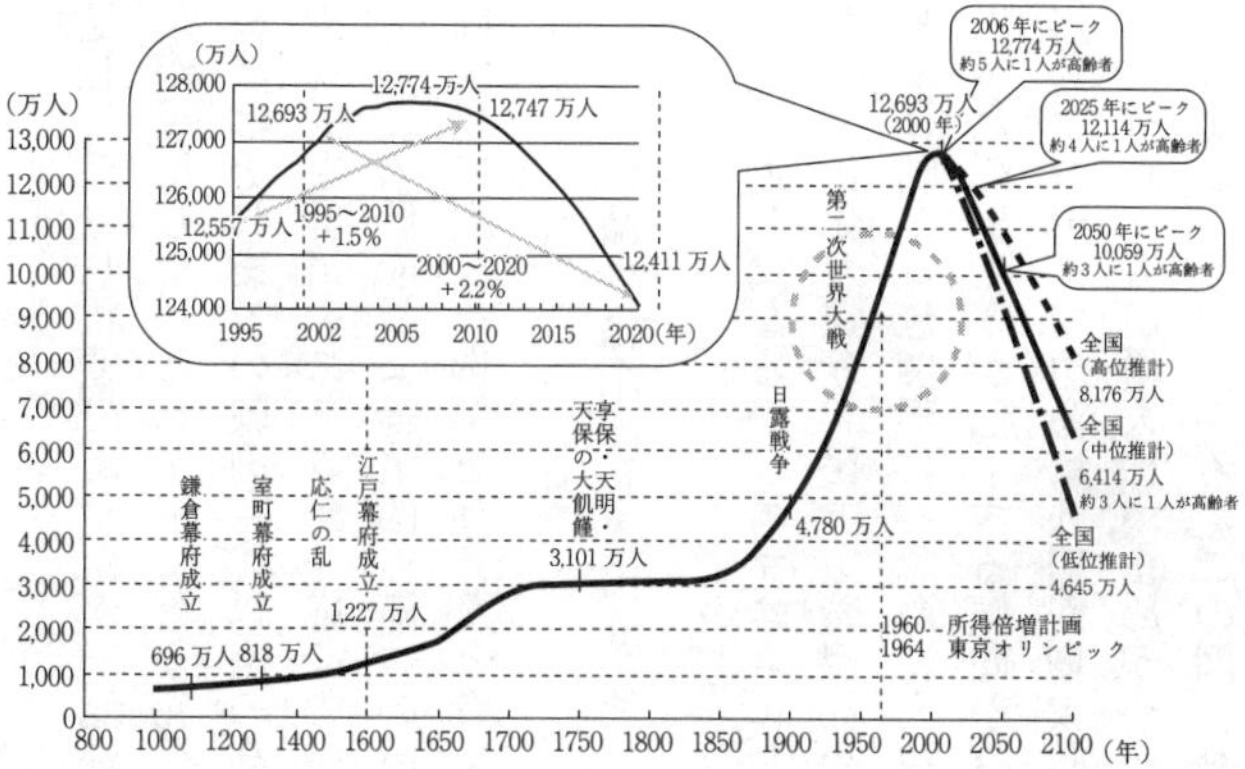

■図表4　日本の総人口の長期的推移[5]
出典：総務省「国勢調査報告」、同「人口推計年報」、国立社会保障・人口問題研究所「日本の将来推計人口（平成 14 年 1 月推計）」、国土庁「日本列島における人口分布変動の長期時系列分析」（1974 年）をもとに国土交通省国土計画局作成。

足し、デフレ状態であったが、元禄改鋳などにより一挙に通貨量が増加し一種のバブルが現出した。これが俗に言う元禄バブルである。一時的な混乱を経て、この時代の経済はそれまでの戦国時代以来の高度経済成長が一段落して低成長時代を迎える。前近代的な経済システムが一応その完成の到達点に至ったといえるかもしれない。そして、この低成長（経済的停滞）の時代と、それに伴う社会変化の鈍化は、人口動態の固定化に大きな影響を与えたと考えられる。

人口減少は由々しき事態なのか

繰り返しになるが、エマニュエル・トッドらの調査によれば、世界中の地域において、近代化が進み、民主主義が社会に根付いていくプロセスの初期段階では、宗教や政治体制とは無関係に、急激に人口が増大しやがて民主化のプロセスが完成に近づくにつれて出生率が低下する傾向がみられる。図表4からも、明治時代以降、社会の発展のプロセスで急激に人口が増大し、民主化が進展し、女性の識字率、地位が向上するにつれて人口増大に歯止めがかかり、やがて人口減少へと向かう「収斂仮説」が当てはまることが分かる。この図において特に着目すべきは、二〇〇六年前後をピークにして人口増加から人口減少の傾向へとトレンドが反転していることである。私たちは、まさにこのトレンド反転の時代の上に立っているということなのである。その事実自体については、様々な指標が発表されており、誰もが知っている。

知ってはいるがそれが何を意味しているのかについては、あまりよく分かっていない。人口が減少するのは、由々しきことであるといった言説が、政治家からも、経済人からも流布される。しかし、何故人口が減少することが由々しき事態であるのかという理由に関しては、社会の活力が失われるからだといった雑駁な理由以外に説得力のある説明を聞くことがない。

そもそも、人口が減少することは悪しきことであり、由々しき事態であるという言説には確固たる根拠というものがあるのかどうかも疑わしい。なぜなら、わたしたちの誰も、この総人口減少の局面を経験したことがないからである。人口が減少すると、経済が停滞するといったことや、社会の活力が低下するといったこと、あるいは国力が損なわれるといったことは単なる想像か、あるいは仮定のはなしに過ぎない。何しろ、このような事態を、日本人の誰も経験したことがないのであり、わたしたちは、人口減少が何を招来するかということに関しての参照すべき事例を持っていないのである。いや、わたしたちだけではない。わたしたちの親も、祖先も人口減少局面は経験していない。

人口減少は、全体としてはGDPの停滞もしくは減少を伴うだろうことは、GDPが総労働人口に多く依存しているのだから容易に類推することはできる。しかし、それを由々しきことだというためには、一人当たりの購買力が減少し、国民ひとりひとりの生活の質が、総体として低下するといえなければならない。確かに一人当たりのGDPも二〇〇〇年前後から停滞して、実質、名目ともに世界での順位も下降を続けている(二〇〇〇年は三位、二〇〇八年は二三位)。しかし、この指標の分母は総人口であり、この先総人口が急激に減少するのであれば、むしろ一人当たりのGDPは下げ止まって再上昇する可能性も否定できない。

国民一人当たりのGDPトップが、人口五〇万人に満たないルクセンブルクであり、三位が人口五〇〇万人に満たないノルウェーであることは、人口減少は一人当たりのGDPとの相関で由々しきことだということはできないことを示唆している。

現在、日本の一人当たりのGDPが世界比較で下降している理由は、総人口の減少との直接的な相関にもとめるよりは、他の要因に因ると考えるべきだろう。たとえば、九〇年以降顕在化した、格差の拡大や、人口構造の変化などの要因を考えてみる必要があるだろう。このことは考察すべき重要な論件であるが、それについては別のところで詳しく論ずる（第四章、第五章）ので、ここではこれ以上立ち入らない。

総人口の減少の問題に話をもどそう。それが何を意味するのかということに関して、わたしたちが憂慮しようが楽観しようが、二〇〇六年をピークに総人口が減少してゆくことだけは確かなことに思える。経済の主体である人間の総数が、増加局面から減少局面に入るということのインパクトだけではなく、社会全般の様相が今後どのように変化してゆくのかということに関して、ほとんどうまく想像できない局面に入ったということである。

総人口が極端に減少してゆく局面では、GDPは下がり、国民経済は縮小してゆく。これまでも景気の動向や、紛争や災害などによる外部環境の変化によって短期的な右肩下がりの状況があったが、この度の人口減少に伴う経済の長期的な縮小（あるいは均衡）は歴史上経験したことがないのである。したがって、この問題に対して、どのような政治的経済的施策が有効であるのかということに関しては、過去の事例というものはほとんど使い物にならない。過去のどこを探しても参照すべき事例が見出せない。

このような事態を前にしてわたしたちは、どのように考えたらよいのだろうか。それは、ほとんど答えることのできない問いだが、どのように考えたらいけないか、どのような知的リソースは使い物にならないか、ということは知ることができる。

過去にその成功事例を持つ経済政策、会社経営、個人の価値観、つまり右肩上がりの経済をさらに増大させるような戦略も対策も、計画も、現実との間の乖離を拡げるだけだということは容易に想像がつくのである。このことは大変重要なことだと思うが、同時にそのような考えを受け入れることは大変難しいことでもある。トートロジーになるが、そのような考え方、つまりどのように考えてはならないかという考え方を、わたしたちは経済発展の歴史の中ではほとんどしてこなかったからである。

これまで述べてきたように、社会の進展と、人口動態の間には一定の相関が認められる。さらに人口動態と経済成長率との間にも有意な相関が認められる。ここで問題となるのは、グローバル化した世界の国々の中で、貧困地域における人口爆発社会と、BRICsに代表される人口増大社会、そして高度資本主義社会を実現した日本を含む先進国家の人口減少社会が同時的に、まだら模様に存在しているということである。さらに、人口増大から減少へと移行する社会は、大きな移行期的混乱に遭遇することになるということに注意を払う必要がある。

果たして、これから先の数年の間に人口減少に歯止めがかかり、再び経済成長の軌道が回復するかどうかということに関しては、誰も確定的に言うことはできない。しかし、図表4を見る限り、当分は人口減少傾向が続くということの蓋然性はかなり高いというべきだろう。少なくとも、今後の経済政策や、企業経営の戦略立案の中に、経済停滞あるいは経済縮小における、生存戦略を描いておくことの必要性は誰も否定できないだろう。

その戦略を描くためには、人口が減少し社会が成熟しきった時代における労働観・価値観の再構築を、あらたに行う必要がある。その準備段階の作業として、第二章以降では、日本人の労働に対する意識がどのように変遷していったのかを知るために、それぞれの期間の政治・経済状況を背景にして、労働の現場、会社の内部で何が進行していたのか、そのときの日本を覆っていた気分、ひとびとの生活を支配する価値観とはどんなものだったのかについて分け入って論じていきたいとおもう。

第2章

「義」のために働いた日本人

六〇年安保と高度経済成長の時代　1956–1973

「声なき声」が聞こえる

前章で見てきたように、戦後の日本経済は戦後復興の一〇年を経て以後、大きく三つのフェーズに分けることができる。

一九五六年から七三年までの高度経済成長期、七四年から九〇年までの相対安定期、九一年から〇八年までの停滞期がそれにあたり、それぞれの期間の平均経済成長率はおよそ九パーセント、四パーセント、一パーセントと段階的に下降していく。

この半世紀あまりの時代は、わたしじしんがものごころがつく五〜六歳から壮年期を過ぎて老年に入り始めた時期にそのまま重なっている。それゆえ、それぞれの時代を特徴付ける事象に関しては、実際にリアルタイムで見聞・体験してきたということになる。リアルタイムで見てきたということは、その時代がまだ「歴史」になっていないということでもある。生々しいのである。

わたしは終戦から五年の一九五〇年に生まれ、三軒長屋のような棟続きの工場で少年期を過ごし、日本が復興期から高度経済成長期へと移行してゆくプロセスのなかで成長してきた。それでも、リアルタイムで時代の中にいたということが、その時代をつぶさに見てきたということにはならない。少年の行動範囲は狭く、視線（観念）の届く範囲も限られている。

昭和三〇年代の日本の風景に強いシンパシーを寄せる評論家の川本三郎は、『向田邦子と昭和の東京』の冒頭で、「あの時代は、戦後の焼跡闇市の混乱が終わり、といって東京オリンピックへと向かう喧騒もなく、比較的平穏な、一種、小春日和のような時代だった」と語っている。みごとな要約である。たしかに、わたしの記憶のなかの昭和三〇年代も向日的な明るさに彩られている。しかし、どのような時代も、それ以前の価値観と、それ以後の来るべき時代の価値観のせめぎあいが川底の砂流のうねりのように伏流しているものである。

それはたとえば、戦後の日本の針路に重要な意味を持つ、一九六〇年の日米相互協力及び安全保障条約（いわゆる新安保条約）調印にいたるまでの国内の騒乱である。しかし当時十歳の少年にとって、ひとつの時代の底流で何が起きていたかなど知るよしもない。ましてや、その政治的混乱を一般下層中流の生活者たちがどのように見ていたかなど分かるはずもない。

とはいえ、この「事件」がいかに大きな国民的な課題であったのかということに関してだけは、子供でさえも実感することはできたのだ。アンポハンタイの掛け声は、テレビや新聞の中から日常の生活の隅々にまで反響し、路地裏の遊び場では、子供がスクラムを組んでデモの真似事をして遊んでいたのである。

ドキュメンタリー作家、沢木耕太郎はその著作『危機の宰相』の中で、一九六〇年という時代を、高度経済成長を牽引した宰相池田勇人、大蔵官僚の田村敏雄、同じ官僚から後に経済学者となる下村治の三人の運命の絡み合いをとおして描き出している。その息詰まるドキュメントのなかに、六〇年安保改定当時の政治家たちとマスコミの心理劇が再現されている。

二年前から日本とアメリカとの間で交渉が繰り返されていた日米安全保障条約の改定は、一九五九年十二月に至ってようやく妥結した。

この改定を積極的に推し進めたのは日本の総理大臣である岸信介だった。「自主外交」をその政権の柱に据えていた岸は、なにより吉田茂の手によって結ばれた日米安全保障条約の不平等性を是正したいと考えていた。

（中略）

とりわけ大きな問題となったのは第六条だった。

《第六条　日本国の安全に寄与し、並びに極東における国際の平和及び安全の維持に寄与するため、アメリカ合衆国は、その陸軍、空軍及び海軍が日本国において施設及び区域を使用することを許される》

（中略）

野党をはじめ、ジャーナリズムはいっせいに条約に対する疑問を投げかけた。労働組合や学生たちを中心に反対運動が展開されるようになった。[6]

沢木が指摘するように、六〇年に入ると安保反対運動は急激な盛り上がりを見せ、日本中を異様な高揚感で包みこんでいった。この年の一月の全権団の訪米阻止羽田デモから、新安保条約の調印、国会審議、条約の批准のための衆議院強行採決、国会周辺の請願デモ、アイゼンハワー米大統領訪日に伴う、秘書ジェイムズ・ハガティーの訪日阻止反安保統一行動へと続く流れの中で、安保問題は日本国民全体を巻き込んだ政治潮流となる。まさに革命前夜のような様相を呈したのである。その高揚のなかで、六月一五日、国会正門前のデモにおいて、全学連と警官隊が激しくぶつかり、東京大学女子学生の樺美智子が死亡する。この日の労働組合員参加者は実に五八〇万人。国会周辺は一〇万人のデモ隊で溢れかえった。

この国民的な反安保のうねりのなかで、時の総理大臣岸信介は、「国会周辺は騒がしいが、銀座や後楽園球場はいつも通りである。私には〝声なき声〟が聞こえる」と言ったという。そして、防衛庁長官の赤城宗徳に対して、岸は「暴動鎮圧」のための自衛隊の治安出動を要請する。このとき赤城は「自衛隊が(国民に銃を向ければ)国民の敵になりかねない」と言って、岸の要請を拒否したという逸話が今もよく引用される。

わたしたちは、膨大な資料や書物を通して、評論家や学者が六〇年安保闘争についてどのように語ってきたのかについての概観を得ることができる。その評価は様々あるとしても、ようやく戦後一五年を迎え、荒廃から立ち直った日本の政治的・軍事的な位置取りが、この条約改定によって定まり、以後現在に至るまでその「体制」が続いていることを認めないわけにはいかない。さらに言えば、総理大臣岸の「自主外交」という思惑とはうらはらに、常にアメリカの政治的、軍事的庇護を前提としてものを考えるという戦後日本人の思考の型がこのときに定まったといってもよいかもしれない。そして、それは日本が国際的な問題の風上には立たないということも意味しており、政治的属国性を受け入れたともとれる。

したがって、六〇年安保闘争は、戦後民主主義に覚醒した多くの日本人が、「平和と民主主義」といった政治的スローガンによるだけではなく、日本の国家としての独立性、日本人の精神的な自立を求めて立ち上がった日本の岐路を決するイベントだったともいえよう。今、思えば岸信介もデモ隊も、「政治的自立」という点では、同じものを目指していた。にもかかわらず、両者は対立し、アメリカの描いたシナリオの配役を演じたに過ぎなかったのかも知れない。

あの時代から半世紀が経過した。当時を資料の中に振り返ってみて、わたしには気になることがあった。岸が言ったという「声なき声」のことである。デモ隊に包囲され四面楚歌の状態にあった岸がどのような思いでこの「声なき声」という言葉を使ったかは問わない。わたしが「声なき声」にこだわる理由は別にある。どんな時代であれ、政治史の表面には浮かんではこないが、生活史の底流には歴史の表面を彩るものとは別の声が響いているものである。いや、むしろメディアや書物の中に現れた声が、言葉を持つもの（インテリゲンチャといってもよいが）のそれだとするなら、「声なき声」とは「言葉を持たない」ひとびとの身体の中を流れていた喜怒哀楽そのものである。それが、どんなものであったのかについては、言葉で書かれた資料の中に見出すことは難しい。

零細企業の現場

わたしは、「言葉をもたないひとびと」に囲まれて育った。わたしの実家は、全学連羽田デモ事件があった現場（羽田空港）から車で走れば一〇分ほどの大田区の池上線沿線にある中小企業が並ぶ町にあった。一〇〇メートル四方のひとつのブロックに、スプリング工場、精密計器工場、プレス工場、金属加工工場の四軒の工場《こうば》が並んでいた。わたしやわたしの友人たちは、これらの工場の敷地内でよく遊んだ。日曜日には工場に忍び込み、当時流行っていたべえゴマをグラインダーという切削機で磨いた。守衛など雇う余裕のない零細工場の中は、危険といえば危険な遊び場ではあったが、当時機械によって大怪我をしたというような話は聞いていない。子供ながらに、電動機械の使い方はそれなりに身につけていたのである。

前述の羽田デモ事件とは、全学連が中心となり、新安保条約調印のための全権団の渡米を、その出発地である羽田において実力で阻止しようとして、この年の一月一五日、全国から動員された七〇〇名が国際線ロビーを占拠した「事件」である。翌一六日早朝機動隊に排除され、全学連委員長の唐牛健太郎をはじめとして七六名が逮捕されている。羽田空港へ向かうルートはいくつかあったが、五反田—蒲田を結ぶ池上線もそのひとつであった。蒲田から羽田までは徒歩でも行ける距離である。警戒に当たっていた公安警察に追われて蒲田付近の工場に逃げ込んだ学生を、工場主が裏口から逃がしたなどという話が漏れ聞こえてきた。

わたしは、零細企業の経営者であり、典型的な小市民であった父親や、その工場で働く下層労働者階級にくくられるであろうひとびとが、当時どのような気持ちでこの政治的混乱の季節を潜り抜け、どのような価値観をもって仕事をしていたのかを知りたいと思ったのである。

確かに、全学連、労働組合は革命前夜のような政治的高揚の中で連日のデモを繰り返していた。しかし同時に、岸信介が言ったように、後楽園球場は満員であり、銀座通りはショッピングにいそしむ群集で溢れていたのである。無論、岸の言った「声なき声」のひとびとが、この政治的な転換点にまったく無関心であったということにはならないだろう。いや、むしろかれらこそ政治の転換を望んでいたといえる。それは、自分たちの楽ではない日常とは別の、豊かな生活、うまいものを腹いっぱい喰いたい、最新のファッションに身を包みたい、持ち家に住みたいという欲求であり、自分たちの置かれた境遇が劇的に変化することへの期待でもあった。このとき、政治的な意味においてはアメリカは、日本の自立を阻むものであったが、同時に日本人の欲望を映し出す憧れでもあった。そのことへの視点なしに、岸信介に代わって政権についた池田勇人内閣の「所得倍増計画」が、それまでの政治的高揚を、経済的な幻想によって一気にかき消してしまった現実を理解することはできない。多くの日本人にとって、国家の政治的な自立を考えるよりも、自らの生活を憧れのアメリカ的なものに近づけることが喫緊の問題だったのだ。そして、そのことは生活するものにとっては正当な欲求であった。

青い鳥の時代

六〇年代とは、どんな時代だったのか。
年表からこの時代を特徴付けるものを拾い出して見よう。

六〇年六月　岸内閣が倒れ、同年七月に第一次池田内閣が誕生する。
六二年九月　本田技研工業が日本初のロードサーキットである鈴鹿サーキットを竣工。

同一〇月　ファイティング原田が世界フライ級王者であったポーン・キングピッチ（タイ）をロープ際に追い詰め、八〇発の左右連打を浴びせて倒し、チャンピオンになる。
六三年三月　吉展ちゃん誘拐殺人事件。
同一一月　ケネディ大統領暗殺。
同一二月　力道山が、赤坂のクラブで暴力団員に刺され、運ばれた先の病院で死亡。
六四年一〇月　東海道新幹線開通、さらに東京オリンピック開催。
六五年八月　池田勇人前首相死去。
六六年五月　中華人民共和国文化大革命開始。
同六月　ビートルズ来日。
六七年　ミニスカートブーム。六月、第三次中東戦争勃発。七月、欧州共同体成立。

年表から、気になるトピックを書き出して見て、あらためてこの時代が国内だけではなく、国際情勢もまた大きな激動の波に晒された時代だったと思う。国内の空気だけを見るならば、やはり六四年の東京オリンピックは時代を分ける分水嶺であったといわざるを得ない。まだ戦後の影が残っているオリンピック前の出来事、たとえばファイティング原田の世界フライ級タイトルマッチでの勝利や吉展ちゃん事件、力道山刺殺事件などは、随分遠い昔の出来事であるように思えてくる。逆に、オリンピック以後の、たとえばビートルズ来日や、ミニスカートブームといった出来事は、ほとんど現代と地続きに感じられる。オリンピックは東京のかたちだけではなく、ひとびとの生活も大きく変えるきっかけになったのだ。

オリンピック以前の一〇年間は、戦後復興的な風景と、戦後以後の新しい時代の萌芽がアマルガムのように同居していた時代であった。なんといっても朝鮮半島の動乱に伴う、特需景気というものの影響が、日本人の生活の隅々にまで影響を及ぼしたということは特筆しておくべきだろう。実際、我が家には毎年新しい電化製品が備え付けられた。工場には幾台もの見慣れない大型機械が並びだした。東京の南の外れの、ごく一般的な中流下層の家庭であったわたしの家族は、これから日本がどんどん変っていくだろうことを予感していたはずである。明日は今日よりも必ずよくなると誰もが信じられる時代であったのだ。

ある雑誌の求めに応じて、わたしは当時の自分の周囲の変化を次のように書き記している。ここまでの記述と重複する部分もあるが、それを書き出してみよう。
　タイトルは『青い鳥の時代』である。

　昭和三〇年代には、まだ車はそれほど一般的な乗り物ではなかったと思う。わたしは大田区の南の外れの町工場の町で生まれたが、家の前の道路はまだ未舗装であった。付近には草深い空き地があちこちに散在しており、まだ防空壕が残っていた。戦時の名残りである防空壕は、悪ガキ連中にとっては興味津々の洞窟であり格好の遊び場であった。『少年』という漫画雑誌には、手塚治虫の『鉄腕アトム』や江戸川乱歩原作の『少年探偵団』が連載されていたが、わたしは近未来ロボットのアトムよりは、自分たちの兄貴分のような小林少年に強烈なシンパシーを感じ、雑誌に申し込んで黒表紙の「少年探偵手帳」を手に入れた。そこには、洞窟で迷わないための歩き方などが指南されていた。わたしたちは、自分たちにも一朝事あらば事件解決の出動要請がくるかもしれないという空想に胸を躍らせていたのである。同じ頃、わたしはもう一冊の雑誌『科学大観』を読み耽った。その巻頭の口絵には、自分たちが知らない恐竜の時代の風景や、その反対の未来都市の風景がパノラマのように描かれていた。古代風景と未来都市。まだ貧しい日本の場末の町で、防空壕の町をうろついていた少年達にとっては、どちらも胸をしめつけるような「ここではない場所」であった。いつかそこへ「ぼくたち」は行くことがあるのだろうか……。

カメラの部品などを製造する小さなプレス工場であった我が家は、落語に出てくる貧乏長屋のような棟続きの家屋の一隅に、数機のプレス機械を並べた粗末なものであったが、朝鮮戦争の特需の影響もあってこの頃より急激に羽振りがよくなる。都市化の象徴であるテレビが入ったのは町内で一番目か二番目だったと思う。金曜日の夜には、近所の職人や工場で働く職工さん達が工場の二階にある六畳のテレビ部屋に集合し、「人間山脈プリモカルネラ」やテンガロンハットを被った陽気な悪漢「ジェス・オルテガ」といった異形のものたちを、力道山がカラテチョップでなぎ倒す光景に熱中した。大人たちは野球やプロレス観戦に集い、よく喋りよく笑っていた。当時のひとびとの屈託の無い笑い顔をわたしは今でも時々思い出す。それから間も無く3Cの時代がやってくる。3Cと言っても今の若い人には分かるまいが、カー、クーラー、カラーテレビが復興と繁栄の象徴であったのだ。しかし、場末のこの町では、まだテレビは白黒で、クーラー（今のエアコン）はその意味すら不明の存在であった。日頃本など読まない父親が、薄暗い部屋の隅で一所懸命何かを読み始めたのが、自動車運転免許に関する本であった。当時の運転免許取得率はいかほどであっただろう。価格はどうだったのか。自動車と言えば、トラック、オート三輪や、路線バスしか知らない時代に、触れたことの無いセダンの自家用車というものがどのような仕組みで動き、どのような運転技術を要するのかを知るには、現代から見れば比較にならないほど高いハードルを越えなければならなかったのかもしれない。「一発合格だ！」と父親が自慢してからほどなく、我が家に中古のダットサンがやってきた。それが父親にとってどれだけ晴れがましい日だったか想像に難《かた》くないが、わたしは不思議とその日のことを覚えていない。防空壕や原っぱで泥まみれで遊んでいる子供にとっては、自動車というものの価値も利便性も無縁のものだったのかもしれない。ただ、その日以来、休日といえば父親はわたしと弟を郊外のドライブへと連れ出した。わたしは車酔いをする子供であったので、自動車にはあまり好意を寄せることはできなかった。そして、この頃を境にして、工場の二階でのプロレス観戦はなくなっていった。一つの地縁的な共同体が、一台の自動車に収まる家族というもうひとつの共同体単位に細分化された。自動車がやってきて、あるいはその頃を境にして自分たちの生活が少しずつ変化していった。

わたしの住んでいた町も含めて、東京の風景が一変したのは一九六四年の東京オリンピックによるところが大きい。自動車というものがまだ夢の乗り物であった頃に空想していた、クローバーのような曲線を描く高速道路が東京の空に出現したのである。町は区画整理され、家の前の道は舗装され、地代は上がり、地方から人口が流入した。戦後復興が終焉し、少年探偵団と防空壕の物語はもはや、伝説でしかなくなったのである。我が家の中古のダットサンは、その頃には何代目かのニッサン・ブルーバードへと代替わりしていた。六四年以後の都市化の速度は、凄まじいものがあった。高度経済成長の時代であり、自動車はその象徴であった。道路は渋滞し、排気ガスが東京の空を灰色に変え、東京は世界でも稀な大都市として繁栄していったのである。ブルーバード（青い鳥）は、まさに幸せの象徴であった。わたしたちの家族もまた「青い鳥」に導かれるように一瞬のうちにこの「光り輝く都市」へとやってきた。その光景は、わたしが防空壕で遊んでいた頃に空想していた未来都市そのものである。『科学大観』の口絵に描かれた未来都市そのものの光景が目の前にあった。

それから半世紀が過ぎ、かつて科学雑誌を読み耽っていた頃のわたしのなかにあった胸をしめつけるような憧憬の気持ちは、もうどこにも無くなっていた。高層ビルの間をくねるように走る首都高速がつくる風景は、確かに少年の頃夢見た「未来都市」そのものであったが、それはあの『科学大観』の口絵のような「光り輝く都市」ではなく、排気ガスや工事中の騒音に痛めつけられたくすんだもうひとつの現実の都市であった。

引用はここまでである。

経済状況を見てみると、一九五九年から経済成長率は一〇パーセントを超えるような急激な成長を見せる。池田勇人の内閣が誕生するのが、六〇年であり、そのキャッチフレーズこそが所得倍増であった。国民的関心が、アンポから所得倍増へ切り替わったのがこの時期であり、政治的、イデオロギー的な価値観が、旺盛な経済がつくる消費的な価値観にとって代わられた。

実証の日々

わたしの生きてきた時代、最初にアンポがあり、そして四年後にオリンピックがあった。そしてこの四年の間の日本の経済状況の変化と、日本人の意識の変化は、その速度は別としても、発展途上国がたどる必然的な変化であったともいえるだろう。

それを、一口に言うなら、「貧乏をやりくりする生活の時代」から、「衣食足りた後の時代」になるまでの変化のプロセスである。戦後復興の一〇年間を経てから後の一

○年は、まだまだ生活の様々なシーンに「貧乏」が色濃く影を落としている時代であったのだ。「貧乏」をどのようにくぐり抜け、「貧乏」の中でどのように自己を律していくのかということが生活上の大きな主題であった時代である。

この、オリンピック以前の日本人の心性を、現在の日本人がリアルに思い浮かべるのは難しいかもしれない。わたしもまた少年時代をこの「共和的貧しさ」[7]（関川夏央）を確かに生きてきたのだが、もはやそのときの生々しい感情をノスタルジーとして思い浮かべることはあっても、リアルな実感として掴みだすことは難しい。

当時の光景はいまや日本の何処にも見出すことができず、わずかに映画や小説のなかに発見できるのみである。

一九五一年（昭和二六年）公開の、成瀬巳喜男の傑作『銀座化粧』には、当時の東京の情景が瑞々しく描かれている。作品は戦後間もない東京下町（築地）の親ひとり子ひとりの倹しい生活を綴ったものだ。当時この作品の中で主題として登場する子供と同じ年齢であった作家の片岡義男はこの作品を「まっとうに働く大人へと成長してほしい、と自分の子供に伝えるための、どんな教育よりも有効なはずの実証として、いまここでの母親の日々がある、という主題の作品だ」と印象的に語っている。[8]

そして「そのような実証の日々を支えるのは、雪子の稼ぎというけっして多くはない日銭であり、切り詰めた支出のなかにその帳尻をいかに合わせるかという、幸福と経済の追いかけごっこだ」と続けている。

翌五二年には同じ成瀬巳喜男監督の『おかあさん』が公開されている。こちらは、東京ではない地方都市か、あるいは東京でも中心的な場所ではないありふれた町が想定されている。「森永・母を讃える会」という組織が全国の子供たちから募集して作成した『全国児童綴方集』からのエピソードが映画の原案となっている。

この作品についても片岡義男は、当時の生活がどんなものであったのかについて、印象に残る言葉を書き記している。

折にふれて、「早いものねえ」と感嘆しながら過ごす日々は、もう少しでいいから経済的に余裕が出来たら、生活の内容をああもしたい、こうも出来るだろうといった、ささやかな夢がどこまで実現するかしないか、出て来る玉は白か紅かの、大売出しの福引のような日々だ。[9]

「たけのこ生活」という言葉があるが、当時の多くの日本人の生活は、恒産を蓄えることよりも、まずその日暮らしをどのように継ぎ合わせていけるのかということに関心が向けられていたということだろう。ひとも国も、余暇を楽しむ余裕など持ちようもない時代であり、余暇というものが何を意味するのかを詮索できるほどの精神的な余裕も持ち得なかった。

一九五五年当時の勤労者世帯の実収入はおよそ二万九〇〇〇円。消費支出は二万三〇〇〇円。そのうちで食料に対する支出は一万四六五円。エンゲル係数は、実に四四・五パーセントと収入の半分は食費に消えている。余暇の遊びや貯蓄に回せる金額は微々たるものであったのである（七五四円）[10]。そして、それだからこそ、ハレの日としての正月や、節句の倹しい贅沢が輝くことができたのだと思う。

ちなみに、オリンピック以後の六五年の勤労者世帯実収入は六万五〇〇〇円とまさに、それ以前の三万円から倍増している。さらに七五年には、二三万六〇〇〇円と急激に上昇している。所得倍増どころではない。一〇倍になっている。この二〇年間がいかに急速な近代化の波の中にあったかは、この数値を見るだけでも明らかだろう。まさに、超右肩上がりの経済が続いたのである。同時に、日本人の総人口もまた一九五〇年の八〇〇〇万人から、二〇〇〇年に一億二〇〇〇万人を突破するまで年平均で一〇〇万人ずつ増加している。ものすごい増え方である。

この一国の国民経済の急成長は、わたしに人間の成長期を思い起こさせる。中学生から高校生になる頃、子供だったものが急ににきび面になり、みるみる身長が伸びて一気に大人の体型に変貌してゆく誰にでも訪れる成長期である。人間の身体的成長は一八歳から二〇歳を境に止まる。日本の凄まじい経済成長もまた、七三年を過ぎた頃より止まってしまうのである。

先に引用した、日本の高度経済成長を企図したひとびとの運命を描いた沢木耕太郎の『危機の宰相』のなかで、沢木は、高度経済成長がやがて終わること、そのときにはまったく異なった社会が訪れるだろうということを、同書の主人公のひとりであり、高度経済成長の理論的支柱であった池田内閣の参謀である下村治にいわせている。

「日本経済は高度成長からゼロ成長に押し出されてしまったのです。それに適応しなくてはならなくなってしまった。しかし、ゼロ成長だからといって悲観ばかりしている必要はありません。経済がゼロ成長に適応してしまえば、不況もなにもない静かな状態が生まれてくることになる。ところが、いまは高度成長に身構えていたものをゼロ成長に対応できるように変えなければならない。そこに混乱が起きる原因があるんです。ゼロ成長を生きるためには、これまで高度成長に備えていたものを切り捨てなくてはなりません。たとえば膨大にある設備投資関連の産業は整理されていくことになるでしょう。しかし、その代わりに、これまで設備投資に向けられていた資源と能力が解放されることになります。今度は、それを生かして、生活水準の充実や環境条件の整備に使うことができるようになります。もちろん、そこに至るまでには過渡的なプロセスがあるはずですから、それが苦しみとなって続くということになるのでしょうが……」[11]

本書のテーマのほとんどをこの下村の言葉が簡潔に語っている。高度経済成長の直後にさえ、このような透徹した未来を描くことができる人物がいたということに驚くべきだろう。また、この下村治という人間によって高度経済成長という日本の経済的な海図が描かれたということは、日本人にとっても幸いであったというべきだろう。

事実、六〇年安保闘争のなかで、岸内閣が倒れ、続いてこの下村の高度経済理論を背景にして「所得倍増計画」の旗を掲げて登場した池田勇人内閣の時代は、日本人の誰もが「明るい未来」を信じられる幸福な時代であったといってもよいだろう。ふり返ってみれば、向こう一〇年間で達成するとした「所得倍増計画」は、その計画の一年目で早くもその目的を達成してしまったのである。

労働への覚醒

無論、様々な僥倖《ぎょうこう》が重なって初めてこのような経済成長が達成されたわけだが、その中心にあったのは、多くの日本人がこの時期に、明日を信じてよく働いたということだろう。

いや、ひとことでよく働いたというだけでは、うまく言い表せないほどの勤勉さを日本人の多くが発揮したのである。あるいは、こう言い換えてもよいかもしれない。戦争という極端かつ破壊的な「蕩尽《とうじん》」の後に、呆然と焼け野原に佇《たたず》んだ多くの日本人が、占領下に息を潜め、レッドパージの影におびえながら、なんとか戦後の一〇年を生き延び、ここにきて初めて働くことの意味に覚醒したのだと。一年で国民総生産を倍にするというような奇跡を表現するのに、わたしは「覚醒」以外の言葉をよく思いつかない。

「覚醒」とは、例えばどんなことか。

わたしには、この時代の労働の現場の中で、ひとびとが何をどのように考え、どのように行動していたのか、この時代の匂いとともに語れる人物に会って直接聞いてみたいことがあった。その人物とはわたしと同じ東京の南のはずれの町で半世紀にわたって旋盤工として働きながら、すぐれた小説やルポルタージュを発表してきた小関智弘である。

作家はその作品の中に、思想も感情もすでに描き込んでいるはずである。だとすれば、直接お会いすることで、作品が伝えてくれること以上のものを受け取ることはないかも知れない……。そんな思いがあって、数日間の逡巡の後に、わたしは思い切って小関さんに電話をした。そして、直接お会いしてお話をお伺いしたいと告げたのである。

約束の場所は、小関さんにとってもわたしにとってもなじみの深い、大森駅に隣接した喫茶店だった。

事前の電話で、六〇年安保のとき、町工場の末端労働者はこの政治闘争にどのように関わったのか、そしてどのような気持ちを抱いていたのかということをお聞きしたいと伝えていた。小関さんは電話の向こうで「ああ、そのことなら書いたことがあります」と言った。六〇年安保のことは、『大森界隈職人往来』にも、『羽田浦地図』にもあまり詳しくはふれられていない。何だろうと思って考えていると、「ファンキー・ジャズ　デモ」という作品だという。実はこの「ファンキー・ジャズ　デモ」は、以前に読んでいたはずなのだが、忘れていたのである。本棚をひっくり返すと、小関さんの初期の作品集である『粋な旋盤工』が出てきた。その本のなかに、この作品は収められており、読み返してみれば、なるほどそこには六〇年安保のデモに参加する末端労働者の雰囲気が生き生きと描かれていた。

ジャズの大好きな工員に引きずられて、数名の町工場の工員が街頭デモに繰り出す。デモは政治的なものというよりは、仲間が集う晴れ晴れしい祝祭であるかのようであった。そこには、低賃金にあえぐ生活への屈託もなければ、政治的な理屈もない。あっけらかんとした、リズミカルに躍動するような、喩えていえばフェルナン・レジェの絵画のなかの労働者のように、シンプルな信念を持ち、健康で愛すべきひとびとがいた。

「おい、そろそろニューヨークについたらしいぜ」

とジャズ男がふりかえり

「じゃあ、はじめるか」と二、三の連中がこたえて、僕はあらためて、うちの連中と来ていたことを思い出したほどだ。それを、急に「楽団パワープレスと、楽団ケットバシプレスによる、ファンキー・ジャズ。いいかあ。アアン・ポお、ハンタイッ。ンザ、ンザ、ンザ、ンザ……」[12]

わたしは、こんなに陽気で無邪気な労働者の姿が、当時のデモの隊列の中に紛れ込んでいたのかと虚を衝かれる思いがした。「楽団パワープレス」、「楽団ケットバシプレス」。何のことかお分かりになる人は多くはないかもしれない。いずれも、プレス機械の当時の呼称に引っ掛けた楽団名である。ここには二重構造といわれた労働の現場に働く、底辺労働者の惨めさも、政治的な関心も直接的には描かれていない。辛い労働や運動に明け暮れる日々の中にさえ、ひとびとは喜怒哀楽を見出し、日々を楽しむことができたという向日的な視線があるだけである。いやむしろ、そういった喜怒哀楽の日々こそが主題的な関心であり、政治も経済もそれらを彩る材料でしかなかったということなのかもしれない。

お会いした小関さんからは、当時の工場の雰囲気や、下丸子や大森といった工場外の文化サークルのお話をお聞きし、記憶の彼方に霞んでいる六〇年代の場末の町で働くひとびとの生活感情が、思いのほか豊かなものであったということを教えていただいた。あえていえば、それは「お気楽な」日々でさえあったのだ。

しかし、と小関さんは言った。

「当時は、まだ仕事というものがよくわかっていなかった。

ところが、三〇を過ぎて、ある工場でFさんという優れた旋盤工の隣で、並んで作業をすることになりました。その経験がわたしに、仕事とは何かということを徹底的に教えてくれる契機になりました。それまでは、適当に稼いで食っていければいい。仕事は家族を養っていく手段に過ぎない。大事なのは社会を変革することだというので、政治活動のようなことばかりに力を注いでいました。

ところが、Fさんの仕事振りを見て、これは凄い人だと思いました。これまでわたしは、とんでもない思い違いをしていたのかもしれない。これまでも優れた旋盤工はたくさん見てきましたが、Fさんは単に器用だとかいうのではない、仕事に対する凄みというものがあり、とにかくこの人に追いついていこうということで、はじめて本気になってがむしゃらに仕事をしたのです。そうして鉄を削るという仕事の奥の深さに気づかされたのです」

会社のためでもない、家族のためでもない、社会のためでもない。ただ、目の前の機械、加工を待つ鉄の塊、目の前の「仕事」がなにものかからの召命であるかのように、徹底的に取り組み、没頭する日々。

そういうことが、確かにあるのだということが、当時の自分の身体感覚を確かめるかのように語る小関さんから伝わってきた。

実際には、小関さんほどに、徹底的に仕事をつきつめた人はそれほど多くはなかったかもしれない。

しかし、当時の町工場の中には、お気楽に日々を継いでいるひとびとがいる一方で、意識するにせよしないにせよ、徹底的に仕事にのめり込んだひとびとが少なからずいた。

わたしは、「昨晩もよなべだったよ」という何度も聞かされた父親の言葉を思い出す。

「それが、働くことと、生きることが同義であるようなひとびとなのですね」と、わたしは以前、小関さんから頂いたお手紙の中に書かれていた言葉を口にした。

それに対することたえとして小関さんはひとつのエピソードを語ってくれた。

それは、あるとき池上本門寺の近くのテーラーに背広をつくりに行ったときの話である。テーラーの親父が、一通り採寸をすませた後で「あなた、ひょっとして旋盤工ですか」と言ったのだという。

「旋盤工は、左肩が下がるんですよ。足もふんばるので、ガニまたになっちゃってね」

小関さんも凄ければ、この洋服屋もまた凄い。

わたしの父親は、右手の人差し指と中指は第一関節のところで切断されている。左手の中指も同様である。プレス屋にとっては指を落とすことはほとんど、勲章のようなものであったのかもしれない。

日本的労働エートス

こういった逸話が示しているのは、日本の高度経済成長の底辺には、自分の身体が変形するほどに、仕事にのめり込み、打ち込むひとびとがすくなからずいたということであり、それはまた当時の多くの日本人が、こういった仕事観を当然のように共有していたということでもある。

この、仕事に対する強固な意識は、必ずしもすべての国の産業労働者に共通に顕れるものだとは言い難い。むしろ、すぐれて日本に特殊な考え方であったといわなければならないと思う。

たとえば『プロテスタンティズムの倫理と資本主義の精神』の中で、マックス・ウェーバーが引用したベンジャミン・フランクリンの言葉と比較してみれば、その違い

は明らかだろう。（傍点は著者による）

時間は貨幣だということを忘れてはいけない。一日の労働で一〇シリング儲けられるのに、外出したり、室内で怠けていて半日を過ごすとすれば、娯楽や懶惰のためにはたとえ六ペンスしか支払っていないとしても、それを勘定に入れるだけではいけない。ほんとうは、そのほかに五シリングの貨幣を支払っているか、むしろ捨てているのだ。

（中略）

貨幣は繁殖し子を生むものだということを忘れてはいけない。貨幣は貨幣を生むことができ、またその生まれた貨幣は一層多くの貨幣を生むことができ、さらに次々におなじことがおこなわれる。五シリングを運用すると六シリングとなり、さらにそれを運用すると七シリング三ペンスとなり、そのようにしてついには一〇〇ポンドにもなる。[13]

この引用部分は、ベンジャミン・フランクリンが一七三六年に書いた「金持ちになるために必要なヒント」に拠っており、まさに近代資本主義発展史の劈頭《へきとう》にこのような労働観がアメリカ人に刷り込まれていたことを示す好例となっている。

フランクリンにとって労働は貨幣と等価で交換されるものであり、貨幣は労働の象徴であると考えられている。この思想（反知性主義といってもよいだろう）の根底にあるのは、貨幣に対する信用であり、尊敬なのだ。

先の小関さんの言葉や、大田区池上の仕立て屋のエピソードからは、貨幣に対する尊敬といった匂いを嗅ぎ出すことはできない。むしろ逆である。どちらの場合も仕事をひとつの召命としてとらえてはいるが、フランクリンが貨幣という表象によってそれを表現したのに対して、日本人の場合には労働をする人間に対する尊敬であり、それを貨幣によって表象することはむしろ退けられていたというべきだろう。つまり、労働は何ものにも表象されないがゆえに（何ものもそれに取って代わることができないほどに）尊いと考えられていたと思うべきなのだ。

このことはまた、わたしたちじしんになじみのある「お茶碗に盛られたご飯の一粒をも無駄にしてはならない」という親の説教が教えた倹約の精神と、フランクリンが説く倹約の精神との違いにもよく現れている。

フランクリンの場合には、娯楽や懶惰に使う金は、それに要した半日ぶんの貨幣を捨てることに等しいと言い、時間と貨幣が等価交換されうるものだとされている。つまり、時間も、労働も、娯楽も懶惰もすべては貨幣によって表象されうるものとして考えられている。

一方、「ご飯の一粒も無駄にするな」という説教には、稲の開花期で台風がよく来る二百十日という自然時間や、それを見守り育てた百姓の「八十八」もの人手（米という文字がそれを表象している）をかけた労働に敬意を払わなくてはならないという教えが含まれている。ここでも、労働は他の何ものによっても表象することのできないものとしてとらえられている。

日本全国を隈なく歩き、庶民の生活史を拾い集めた宮本常一の『忘れられた日本人』や『庶民の発見』には、そういった日本人に固有の労働意識が感動的な筆致で描写されている。

たとえば、宮本は西条高原（東広島市）にある川岸で石垣を積んでいる石工たちにこんな話を聞く。

田舎をあるいていて何でもない田の岸などに見事な石のつみ方をしてあるのを見ると、心をうたれることがある。こんなところにこの石垣をついた石工は、どんなつもりでこんなに心をこめた仕事をしたのだろうと思って見る。村の人以外には見てくれる人もないのに……。

（中略）

しかし石垣つみは仕事をやっていると、やはりいい仕事がしたくなる。二度とくずれないような……。そしてそのことだけ考える。つきあげてしまえばそれきりその土地とも縁はきれる。が、いい仕事をしておくとたのしい。あとからきたものが他の家の田の石垣をつくとき、やっぱり粗末なことはできないものである。まえに仕事に来たものがザツな仕事をしておくと、こちらもついザツな仕事をする。

（中略）

やっぱりいい仕事をしておくのがいい。おれのやった仕事が少々の水でくずれるものかという自信が、雨のふるときにはわいてくるものだ。結局いい仕事をしておけば、それは自分ばかりではなく、後からくるものもその気持ちをうけついでくれるものだ。[14]

宮本はこのような職人たちを「物いわぬ人々」と形容している。生活のために金がほしくて働くのだが、ここに息づいている労働倫理は、ただ金だけのためでもなく、他者の評価のためだけでもなく、自らが自らを叱咤し命令し、納得するような仕事観から出てくるものだ。こういった「物いわぬ人々」の「仕事」が、幾時代かを経て宮本常一という民俗学者の目に止まる。宮本常一が心をうたれるのは、その「仕事」の見事さだけではない。もし、この「仕事」が十分な報酬と、賛美の中にあったなら、宮本はこのような感慨を持たなかったに違いない。誰にも見られず、誰にも褒められもしないかもしれないにもかかわらず「仕事」に打ち込むという職人の不合理なエートスにこそ心を奪われているのである。

この不合理な労働エートスは、有能な職人だけにあったわけではない。それがたとえ単純労働であっても、労働を金銭や他者の評価と引き換えるためのものではない、自己活動そのものとして受け止める習慣が身についていた。このような、日本人の労働に対する不合理なエートスは、日本を訪れた外国人の目にも奇異に映った。渡辺京二は『逝きし世の面影』のなかで、そうした外国人の目に映った「かつての」日本人の独特な労働エートスを、かれらの証言を通して伝えている。たとえば明治初頭の日本を訪れたアメリカ人動物学者のエドワード・シルヴェスター・モース（大森貝塚を発見したことで有名だが）は、最初に日本人の港湾労働者を見たとき、彼らが唄を歌いながら作業をしている光景に不意を打たれる。同じような光景を何度か見た後で、モースは日本の労働者というものは「労働の辛さを、気持ちのよい音か拍子で軽めるとは、面白い国民性」だと考えるようになる。そして、唄を歌っているときに仕事の手が止まり、むしろ唄が主で仕事が従になっているような時間を、非効率的で時間の浪費のように思う。

これに対して、渡辺京二は次のような見解を記している。

つまり、唄とともに在る、近代的観念からすれば非能率極まりないこの労働の形態は、労働を賃金とひきかえに計量化された時間単位の労役たらしめることを拒み、それを精神的肉体的な生命の自己活動たらしめるために習慣化されたのだった。

（中略）

彼らはむろん日当を支払われていた。だがそれが近代的な意味での賃金でないのは、労働が彼らの主体的な生命活動という側面をまだ保ち続けており、全面的に貨幣化され商品化された苦役にはなっていなかったからである。苦役というのは過重な労働という意味ではない。計器を監視すればいいだけの、安楽かつ高賃金の現代的労働であっても、それが自己目的としての生命活動ではなく、貨幣を稼ぐためのコストとしての活動であるかぎり、労役であり苦役なのである。[15]

ここでも、労働は何ものをも表象しない、ただ生き方に寄り添った活動として描かれている。渡辺京二は、近代化後の日本から喪われた日本人「固有の」労働エートスに対して痛切な愛惜を感じているようである。そしてそれはそのまま、近代化以後の金銭合理的な労働観に対する批判になっている。

ところで、当時の日本人にとって何ものをもってしても表象しえないものとは何を意味するのだろうか。わたしはそれは人生そのものであり、あるいはその人生が直結している「信仰」に関わることだといってもよいかと思う。そしてこの場合の「信仰」とは捧げものの意味である。米が税として使われ、貨幣の代用であったこと、同時に米が日本独自の宗教に密接に関わっていることも日本の歴史が証かすところである。その意味では、日本人の意識の深層では、労働は神と直結した神聖なものであり、不合理ゆえに信ずることのできるものであったともいえるのかもしれない。それは、貨幣との等価交換というロジックの中に労働を位置づけることでその合理性を担保しようとする西欧的な労働観の対極をなしている。

六〇年代とは、このような神話的な「労働エートス」が日本人にまだ共有されていた時代でもあったといえようか。この時代を、「日本的労働エートスの時代」と呼ぶとすれば、七〇年代はそれが「逝きし影」になった時代であり、同時に「消費の時代」の幕が開いた時代であった。つまり、ひとびとの主題的な関心は、いかにして働くかというところから、いかにして消費するかというところへ徐々にその軸足を移してゆくのである。

第3章 消費の時代の幕開け

一億総中流幻想の時代　1974-1990

一億総中流の幻想

一九七三年（昭和四八年）に内閣府が実施した「国民生活に関する世論調査」において、自分たちの生活のレベルが「中の中」と回答した家庭は六一パーセントを超えた。この高い中流意識はその後も高止まりして、七九年まで続く。国民の半数以上が、中流であると意識できるということが持つ意味について、当時は誰もさほど深くは考えていなかった。このことの意味が大きく意識されるようになるのは、それから二〇年を経て「格差社会」が問題にされるようになり、自らを下流であると意識せざるを得ないようなひとびとが巷《ちまた》にあふれるようになってからである。格差に関しては、実際の国民の生活実態は必ずしも拡大しているわけではないと唱える学者も少なくない。ただ「実態」を知るための指標として、単に可処分所得の嵩や、物価変動と所得変動の相対的な関係だけを比較しても意味のある結果を引き出すことはできないとわたしは考える。国民意識の上では、多くのひとびとが七〇年代から八〇年代にかけて、自らの生活が豊かになり平均値よりも上に位置していると感じることができたという「意識実態」のほうが重要なのであり、それは必ずしも数値には還元しえない。

そのことを踏まえたうえで、なお統計の数値を追ってみる。いったいひとはどのような条件が満たされれば、自らの生活レベルが中の中であると意識することができるのだろう。

七三年のエンゲル係数は、およそ三〇パーセント。八〇年代は二五パーセント前後まで下がっている。

この数値は、五五年当時のエンゲル係数が四〇パーセントを超えていたことを思えば隔世の感がある。

そして、この七三年は、収入のうちで食費に充てていた家計が、三割を切り始める分水嶺にあたっている。もはや、食うために働く時代ではなくなったということである。そのことはひとびとの労働意識にも大きな変化を与えたはずである。つまり、六〇年代の、「生きることと働くことが同義語」であるような労働エートスもまた別のものに変じていくことを必然化する。仕事と生活が分離したものになり、ひとびとは生活をより豊かに、楽しむために働くようになったのである。

この七三年をはさむ、七〇年と七五年の勤労者世帯の家計を比較してみると、その差は歴然としている。総務省が毎年行っている家計調査によると、七〇年の一カ月あたりの勤労者世帯収入は一一万二九四九円、七五年は二三万六一五二円。わずか五年の間に、実に収入が二倍以上増加し、可処分所得も一〇万三六三四円から二一万五五〇九円へ倍増している。これまで、ほとんど食べて生活を維持するのに精一杯だった生活が、この頃より生存のため以外の消費に占める収入の割合が急激に増加し始めるのである。[16] 一方経済成長率は、この七三年を境に急落し、それまでの高度経済成長が終焉する。このことは、ひとびとの生活が豊かになって、高度経済成長をする心理的な必然性が薄れてきたともいえるし、経済の伸びしろが縮小したともいえる。

では、七三年に何があったのか。そして、それに続く経済成長率三パーセントの一七年間とはどのような時代だったのか。

それ以前との比較で、統計が示しているのは、それまで続いていた一〇パーセント近い経済成長率が、このときを境に急激に落ち込み、以後二度と高度経済成長期のような成長率を取り戻すことはなかったということである。しかし、そのことは経済が停滞したということを意味しない。エズラ・ヴォーゲルが『ジャパン・アズ・ナンバーワン』で賞賛した日本の経済・産業の強さは、この時期のことを題材にしている。つまり、三パーセントの経済成長は依然として高い成長であり、国民総生産そのものは安定的に増加し続けたのである。そして、さらに注目すべきは、すでに述べたように、この時期に国民一人一人の生活のなかで、一般消費の占める割合が高くなり、食費の占める割合が低下してゆくという生活の質的な転換が起きはじめているということだろう。

高度経済成長期から相対安定期への移行とは、国民の暮らしが劇的に変化してゆくプロセスであり、そのことは国民の生活意識、労働意識も急激に変えていったということである。

国内外の経済的な出来事として注目すべきことは、この年の二月、米国経済の悪化を受けて、それまでなじみの深かった対ドルレート三六〇円（七一年暮れから七三年二月までは切り下げられて三〇八円）という固定相場制から、変動相場制へと移行したことが挙げられる。変動相場制導入直後は一ドル二六〇円まで跳ね上がり、オイルショックで三〇〇円まで戻すが、その後は上がり続けていったのである。当時一ドル二〇〇円を切ると輸出産業は壊滅的な打撃を受けると多くのエコノミストが警告を発したが、変動相場制移行後は、対ドル二五〇円を前後する変動のなかでも、輸出産業は旺盛な成長を続けた。

もうひとつの大きな出来事を付け加えるとすれば、第四次中東戦争の影響を受けて、石油価格が高騰するという所謂オイルショックがあった。

日本列島改造論

田中角栄の『日本列島改造論』が発表されたのは、このオイルショックの前年（七二年）である。列島改造は、豪雪地帯出身のこの庶民宰相の念願であった地方と中央の格差の是正（それは同時に田中角栄の地元への利益誘導という政治手法とも合致する）と、高度経済成長が終焉した日本の再構築を意味していた。高度経済成長期には、都市部と農村部の経済的格差は広がったが、列島改造は地方を都市化する試みでもあった。田中内閣は道路、新幹線といった交通網の整備を重点的に推進したが、思惑とはうらはらに都市部への人口流入に拍車をかける結果になり、猛烈な開発、地価上昇は急激なインフレをもたらすことになった。オイルショックは、このインフレを加速させ、消費者物価指数を跳ね上げたのである。いわゆる「狂乱物価」である。翌年にはその対策として、公定歩合が引き上げられ、結果として企業の設備投資欲は一気に減退し、七四年に戦後はじめてのマイナス成長を記録する。分かりやすくいえば、景気が乱高下し、それまでの高度経済成長とは別のフェーズに入ったということである。

しかし、繰り返しになるが、この時代の列島全体を覆う空気は、全体としては活気に溢れ、多幸感に支配されていたとはいえる。それが、一億総中流といった世論調査結果にも反映されたと見るべきだろう。

中間層が拡大しつつも経済が繁栄する（あるいは繁栄しているという幻想を共有できる）というのは、一国の政治的な課題としてはほとんど理想であるといえる。後に、経済のグローバル化に立ち遅れる原因とされる、年功序列や、株式の持ち合い、護送船団方式といわれた官公庁の強い指導と干渉のもとでの金融安定化、産業保護政策が、この落伍者を出さない運命共同体的なシステムを作り上げていった。

どんな社会システムにも光の部分と、影の部分がある。産官の馴れ合いや汚職、天下り人事の横行、関係官庁と金融界の癒着、国際的な競争力の劣化、地方財政の悪化などは、この時代の影の部分であったが、国民生活の安定という政治的な課題から見た場合、つまりは最大多数の最大幸福の実現という意味では、この時代こそがひとつの理想の実現でもあった。それが国際政治から見ればどんなに独りよがりのもので、旧弊を温存した不合理な安定であり、歴史的に見れば過渡的なはかない瞬間だったとしても、である。

コンビニエンスストアがもたらした家族形態の変容

この時期、つまり七〇年代が勤労者の労働意識の転轍点になったことを示す象徴的な出来事として、わたしはコンビニエンスストアの出現に注目したいと思う。いや、コンビニエンスストアの出現が、勤労者のみならず学生、主婦などの生活環境を劇的に変えてゆく端緒となったと言い換えよう。

日本初のコンビニエンスストア、セブン‐イレブン第一号店が東京都江東区豊洲に開店したのは一九七四年のことである。

初年度の売り上げこそ七億強あったが、赤字も一億六〇〇〇万弱のさほど目立たない小売店であった。それがわずか五年後の七九年には売り上げ一〇〇〇億円を超し、純利益も一八億円、店舗数は五九三店舗にまで膨れ上がる。その後も拡大は続き、九一年には売り上げ一兆円を突破し、店舗数は四六二九店舗にまで成長する。ちなみに二〇〇一年には売り上げは二兆円を突破し、店舗数は九〇〇〇店舗を超えるまでの一大産業に成長。[17] セブン‐イレブンだけで、これだけの拡大を遂げたのである。

二四時間、年中無休というコンビニエンスストアのビジネススタイルは、労働中心の生活から余暇中心の生活へと移行する生活意識の変化の中で、ひとびとの需要とうまくマッチし、急速に店舗数を増やしていった。セブン－イレブンの成功を後追いするように、ローソン、ファミリーマート、サークルKサンクス、エーエム・ピーエム、ミニストップなどが続々と市場に参入し、フランチャイズシステムによる多店舗展開によって、都市部だけではなく、郊外から農村部に至るまでコンビニエンスストアが雨後のたけのこのように次々に出現しはじめるのである。二〇〇九年の日本全国のコンビニエンスストアの店舗数は六万店を優に超え、市場規模は八兆円を超え、それまでの小売の主流であった百貨店の規模を遥かに凌ぐまでになっている。

短期間でこれだけの成長を遂げた業態をわたしは知らない。この成長は、単に経営手腕やビジネスモデルの優劣だけでは論じることができない。むしろ、この時代に変化し始めたひとびとの生活実態と生活意識が、コンビニエンスストアの出現を待ち望んでいたといったほうが適切かもしれない。同時に、コンビニエンスストアの出現はひとびとの消費動向と消費意識の変化に拍車をかけることになる。

ひとびとが欲したから流行していったのか、流行したからひとびとが従っていったのか、原因と結果が相互に入れ替わるような状態で規模が拡大することをブームと呼んでもいいかもしれない。コンビニエンスストアは、そう呼ばれなかったが、ひとつのブームであったといえるだろう。それも、この業態の本国アメリカを遥かにしのぐ日本固有のブームであった。

あたかも集蛾灯のように、深夜も煌々と明かりをつけて若者を呼び寄せたコンビニエンスストア。それが変えたものは、単に小売業のビジネススタイルや、街の景観、物流システムといったものにとどまらなかった。多くの若者、とりわけ都市生活者の生活そのものを変えたのである。いや、生活だけではない。それまで必要であった日々の食材の買い出し、調理、働き方そのものまで大きく変えることになった。ひとつの業態の出現が、ひとびとの、ライフスタイルを大きく変化させていったのである。

ここで注目すべきはひとびとのライフスタイルの変化は、家族の性格というものまでを変えてゆく契機となったということである。

コンビニエンスストアが出現する以前は、大晦日ともなれば多くの家庭で正月用のおせち料理をこしらえるのが常であった。それは単に、伝統的な風習だったというだけではない。正月三が日は、大方の店舗が閉まってしまうので、いわば保存食としての食料を確保しておくという意味もあった。

一人暮らしの勤労者にとっては、自宅に炊事用具一式を揃える必要はなくなった。夫婦ものであれば、女性が家事労働から解放されるひとつの機会にもなった。

一握りの小銭を持って、至近のコンビニエンスストアに行けば食品も文具も、化粧品も容易に手に入れることができ、その分だけ自由に使える時間の幅が広がった。家族のひとりひとりが家事を分担する必要はなくなり、その秩序の中心にあった家父長的な命令系統が意味をなさなくなった。家族の中に民主化が進行したのである。

つまり、高度経済成長と民主化の進展は、ここに至って日本の伝統的な家族構造である、家父長制、長子相続といったことまで変容させていくことになった。

コンビニエンスストアの出現は、ひとびとに二四時間の生活の利便性を提供するという狙いがあったが、結果としては単に利便性が増したという以上の意味を担ったのである。

その意味とは、意識するにせよそうでないにせよ、いつでも時間を金と自由に交換することができるという観念、労働を金と交換することができるという観念がひとびとの価値観のなかに浸潤してゆくことになったということである。

いつでも、どこでも買える商品があるということは、お金の万能性というものを改めて認識させる契機となる。そのことは同時にお金により強固な万能性を付与してゆく。

週休二日制という革命

月月火水木金金。帝国海軍の中佐、高橋俊策が作詞し、元海軍軍楽隊の江口源吾が作曲した軍歌である。戦時中は士気高揚の唄として、そして戦後も大衆の間に労働礼賛の唄として人口に膾炙した。

五〇年代、六〇年代の労働の現場には、まだこういった精神主義が生きていた。実際に、朝鮮動乱の特需で注文が殺到した町工場においては、休日返上で機械を回していた。町工場という町工場が、人手を欲しがり、社長たちは自分の出身地である地方の工業高校や、専門学校へとリクルーティングの活動をしたのもこの時期である。それでも労働力は不足し、労働者は納期に追われ、工場の灯りは深夜でも消えることはなかった。

別に誇張しているわけではない。わたしが実際に育った大田区の工場町のリアルな一こまでもある。

高度経済成長期以前の日本人にとって余暇とは何かということは、まさに盆と正月というハレの日に、親戚一同が集まって酒を酌み交わすといった儀礼の中以外には、うまく想像することのできないものであり、日々の糧を稼ぎ出すことの対極にあるのは「なまけ」であり、「あそび」でしかなかったのである。

その日本人の労働意識、余暇に対する意識が決定的に転換したのが一九八〇年代であった。

週休二日制の導入はその象徴的な出来事である。

日本人の生活環境が変化し、労働意識が変って週休二日制というものが始まったのか、あるいは週休二日制という制度が定着することによって、日本人の労働意識、余暇意識が変化したのかはにわかには判定できない。ただ、この週休二日制の導入が、日本人の労働意識の変化の決定的な転轍点であったのだ。

この「労働日」の変化について、当時の知識人のなかで、もっとも鋭敏な認識を示したのが、吉本隆明であった。一九八五年に埴谷雄高との間で交わされた「コム・デ・ギャルソン論争」の中に、当時の吉本の面目躍如たる思想性をみることができる。

吉本はシャンデリア付きの建売住宅や、当時の中学、高校出のOLに人気のファッション誌「アンアン」に掲載される最新のファッションを、「高度資本主義」の成果のひとつであるとし、コム・デ・ギャルソンのファッションについて、「ファッションが人体と釣り合いながらも人体と対立して高次な表現になりうることをはじめて知った」と賞賛したのである。

これに対し、作家の埴谷雄高は、それらは日本の産業資本が、朝鮮戦争とヴェトナム戦争の血の上に「火事場泥棒」のぼろもうけを重ねて蓄積した富であり、「ぶったくり商品」の低開発地域への「進出」によって成し遂げたものだと批判した。そうした富の上に開花した軽佻浮薄な文化は、文化の退廃以外の何ものでもないと。

埴谷雄高のこのいかにも旧左翼文化人的な批判に対して、吉本は、「アンアン」のようなファッション便覧に目配りする「女子賃労働者」が増えたことは侮蔑すべきことではなく、反対にそのような消費生活をもてるほど豊かになったということであり、「これこそは理念神話の解体であり、意識と生活の視えざる革命の進行でなくて何でしょうか」と切り返し、次のように書いている。


貴方はスターリン主義の誤った教義を脱しきれずに、高度成長して西欧型の先進資本制に突入している日本の資本制を、単色に悪魔の貌に仕立てようとしていますが、それはまやかしの擬装倫理以外の何ものでもありません。日本の先進資本主義が賃労働者の週休二日制の完全実施を容認する傾向にあることは、百年前のマルクスが見聞したら、驚喜して祝福したにちがいないほどの賃労働者の解放にほかならないのです。[18]

当時はいまだ米ソが角逐しており、イデオロギー的な対立が文化人の主題的な関心であった。そしてイデオロギー的な対立とは、政治と経済と文化、つまりは生活と倫理の正統性を争うということであった。

この論争は今読むと、なんだか懐かしい気分になる。たかだか三〇年しか過ぎていないが、もはやこのときの二人の対立点が何であったかは、今の若い人たちにはよく理解できないかもしれない。しかし、わたしには、この対立は手にとるようにわかる。わたしの中に、埴谷雄高が持っていたのと同じ旧左翼的な倫理観の残滓《ざんし》があるからである。

そして、その基本的な構図は、現在に至っても（イデオロギーから環境や、格差の問題へとかたちを変えて）続いている。埴谷雄高の批判は、無批判に資本主義的な消費文明を受け容れて浮かれ気分になっている風潮に対して、「政治的」な立場から見れば、それは独占資本への加担であり、「倫理的」な立場から見れば理念の堕落であるといったものである。

戦前の日本共産党の地下活動で収監され、独房の中でエマヌエル・カントの『純粋理性批判』を読みふけり、ドストエフスキーの小説の強い影響下で単独の永久革命者としての思念を鍛え上げてきたこの老思想家にとって、開花しはじめた消費文明が作り出す軽佻浮薄な風景を謳歌することは、思想の堕落のように思えたとしてもやむを得ないところもある。

　埴谷雄高にとっては、この消費の時代が前面に押し出した風景は、かれじしんが単独で切り開いてきた思想と乖離を広げるだけのものでしかなかったともいえるだろう。しかし、インターネットにせよ、携帯電話にせよ、あるいはコンビニエンスストアにせよ、時代を変化させるものたちは、必ず軽佻浮薄な意匠を伴って登場する。

　吉本隆明が批判したのは、埴谷がおのれの美意識が必然化した「厭世観」を、思想めかして、当時の風俗の光景を独占資本による収奪であると語ったその、思想の立ち位置であった。もし、埴谷が「俺はちゃらちゃらした風俗には馴染めない。そんなのは俺は嫌いなんだ」といえば、この論争は起こらなかっただろう。

　しかし、埴谷はこれを美意識の問題ではなく、政治的＝党派的＝倫理的な問題として断裁しようとした。このような問題の無意識的なすり替えを吉本は「擬装倫理」と言って罵倒したのだ。

　吉本は、埴谷が牢固として抱いていた下層賃労働者＝搾取されるもの、資本家＝労働の収奪者といった旧態の階級対立図式に対して、そのようなパターン的な対立関係など、資本主義が高度化し、社会主義が官僚化してゆくプロセスの中で、とっくに別の次元の問題へと移行しているとみなしている。

現在この論争を読んで、当時はまだその本当の意味がよくわからず、今は明確に理解できるのは、埴谷が政治的な論争を仕掛けたことに対して、吉本が政治的な応酬をするのではなく、主題そのものの次数を繰り上げて、イデオロギーからの決別を告げているということである。あるいは、イデオロギーと生活を同列に論じてあやしまない知識人的な思考タイプへの批判といってもよいが。

日本の賃労働者が週休三日制の獲得に向かうことは時間の問題であると考えます。潜在的には「現在」でもそのことは自明なのですが、ただ貴方や理念的な同類には、思考の変革が困難になっているだけです。[18]

この論争の帰結は、第二章で述べた六〇年安保闘争の熱気が、それに続く高度経済成長によって一気に冷却されて別の熱気に取って代わられたことを思い出させる。埴谷雄高が仕掛けた政治論争そのものが、時代の変化の中ですでに賞味期限を終えようとしていたのである。つまり、時代の変化の速度が、思想の変革を追い越す風景がここに見てとれる。

さて、実際には吉本が述べたようにはすんなりと週休三日制に移行しなかった。おそらく、これから先も週休三日制、つまり一週間のうちの半分を休日に充てるようなワークスタイルに移行してゆく気配はない。それには、様々な理由があるだろう。ひとつには、ひとは週休二日というシステムを受け入れた後に、自分が思っていたほどに休日を望んではいなかったということに気付き始めたのかもしれない。いや、実際にそれを望んでいたとしても、その休日をもてあますことになる。遊興のためだけに消費するには週休三日は過大であり、同時に遊興以外の休日の過ごし方というものを想像するためには消費文化とは別のモメントが必要だ。それが休日の農園栽培であったり、知的な生産だったり、地域活動であるならば、それはもうひとつの生産労働であり、余暇を充てるだけでは足りない。いや、理屈はどうあれ、国内外の経済事情が労働者を、労働から完全に解放することを許さない状態になっていったと言うべきかもしれない。吉本の「予言」の五年後に、世界経済はそれまでのパラダイムとはまったく異なった新しい段階（グローバリズム経済）に入り、日本はそのとばくちの九三年に、いきなり戦後二度目のマイナス成長を記録する。以後「失われた十年」とよばれる長期的な停滞の時代が続くのである。

ただ、この論争のときの吉本隆明の視点、つまり週休二日は賃労働者の解放であり、意識と生活の視えざる革命の進行であるという発想は、週休二日の意味を誰よりも鋭く見抜いたものだったといえるだろう。

当時の日本人のほとんど誰もが、この週休二日制をただ時代の流れのなかでのひとつの現象としてとらえ、ほとんどそのことの意味に注意を払うことがなかった。あるいは、単に生活の余裕の拡大、人間性の回復、消費文化の拡大といった旧来の思考の延長でこの週休二日制をとらえていた。しかし、吉本隆明は、おそらくは『資本論』第一巻、第五編「絶対的余剰価値と相対的余剰価値の生産」[19]のなかでの、マルクスの労働日に関する徹底した考察を背景にして、この週休二日制こそは「革命」的な転轍点になるという炯眼を持ちえたのである。

マルクスは、資本主義生産様式における労働とは、自分と自分の家族を養うための必要労働と、資本の自己増殖のための剰余価値を生産する剰余労働の二つの労働がアマルガムのように結びついたものであると考えていた。そして、この剰余労働をめぐって、労働者と資本家がせめぎ合う構図を描き出したのである。おそらく、もし労働者が自らの賃金を減ずることなく労働日を減ずるのだとすれば、それは労働者が自らの解放へ向けての「革命」的な転換点に立ったことと等しいのだと吉本隆明は言っている。

確かに、この週休二日制の実施は、勤労者が獲得したひとつの「成果」であった。

これによって、多くの勤労者の生活が少しだけ変化した。しかし、実際にそれ以上に変ったのは、勤労者の労働に関する意識であった。

どう変ったのか。

それは、本書の第二章「『義』のために働いた日本人」の労働意識と比較してみれば明らかだろう。五〇年代、六〇年代は、働くことが同時に生きることであり、生きることは働くことなしには困難な時代であった。この「働くことと生きることが同義」（小関智弘）であるような意識が、「働くのは単に生きることではなく、人生を楽しむための手段として働くのだ」さらに言えば、「生きるとは働くことではなく、遊ぶことだ」というところまで変化したのである。別の言い方をするなら、多くの勤労者にとって、生産が主題だった時代が終わり、消費が主題の時代が始まったのである。

この生産から消費への転換は、これ以後の労働や生活の意識、あるいはひとが生きていく上での価値観、生活実態、家族形態まで塗り替えるほどの大きな出来事であった。

それは、統計上の数字の変化にも明瞭に顕れている。一九六〇年に三万七七〇八円だった勤労者世帯の可処分所得は、七〇年に一〇万円の大台に乗り、さらに八〇年に三四万円、九〇年には四四万円台にまで上昇していく。週休二日制が実施されはじめた八〇年から九〇年にかけての消費者物価指数の上昇率は最大で四・九パーセント、最小〇・一パーセントと、平均では二パーセントと小幅で推移しており、可処分所得の四六・七パーセント増はその大きさが目立っている。

さらに、顕著なのは支出の内訳だろう。この間（八〇年から九〇年）の勤労者世帯のひと月あたりの支出を見てみると、食料が六万六二四五円から七万九九九三円に二〇・八パーセント上昇したのに対して、教養・娯楽の支出は二万〇一三五円から三万一七六一円へ五七・七パーセントも上昇し、教育支出に至っては八六三七円から一万六八二七円へと九五パーセントも上昇している。もはや、食うために働いているのではなく、遊びや教養・教育のために働いているということが、数字の上からも明らかだろう。[20]

第4章

金銭一元的な価値観への収斂

グローバリズムの跋扈　1991–2008

失われた十年

前章で見てきたように、一九七四年から一九九〇年までの一七年間は、勤労者の生活意識が、「労働」中心の生活から「消費」中心の生活へと大きく変化した時代であり、同時に五割以上の勤労者が、自らの生活状況を「中層、中流」であると意識する一億総中流の時代であった。

民主主義というものが、最大多数の国民の、生活の向上と権利の拡大を最大化することを目標としたシステムであるとすれば、政治権力が金権腐敗していようが、外交の主体性が欠如していようが、国民のひとりひとりがその生活に満足できるということは、民主主義の発展段階におけるひとつの到達点であったということは認めなければならない。いや、満足などしていないといわれるかもしれないが、少なくとも多くのひとびとが自分は中層、中流だと意識できるということは、強大な国家権力による社会主義的な分配方式に頼ることなく、社会主義の理想を事実上実現したともいえるだろう。

だが、このような国内的安定と経済的成長の時代は、長くは続かなかった。保護主義的な経済システムに支えられた一億総中流の時代が持続することを、グローバル化する国際的な状況が許さなかったといえるかもしれないし、あるいは当の中流意識に染められたひとびとが、横並びの繁栄というものに満足し続けることはできなかったともいえるかもしれない。

この章では、民主主義の理想である一億総中流から市場原理的な競争社会へ移行する、ミレニアムをはさんだ前後十年というものを振り返る。この時期の日本は「失われた十年」と形容され、長い不況のトンネルを抜け出せない時期にあたる。資産デフレや設備投資の後退、不安定な連立政権、金融機関の相次ぐ倒産などが長期的な停滞の原因とされているが、こういった説明はいつも原因と結果を取り違えてしまう。これらは原因ではなく結果であり、もし原因というものがあるとすれば、それはすべて「失われた十年」の以前に準備されていたはずである。端的に言えば、日本人が最も幸せだった時代、つまり相対安定期にすでにその原因は潜んでいたというべきだろう。つまり、相対安定期の時代に民主主義の発展プロセスがひとつのピークを迎えたこと（一億総中流）、世界情勢が流動化して冷戦構造が終結し、一気にグローバル化していったこと、そしてそのグローバル化を推進する技術であるインターネットの出現などが時代を「失われた十年」へと導いていったということだ。さらにいえば、これらの三つの要素が互いに複合して、民主主義が新しい段階に入ったのである。日本の「失われた十年」とは、古い民主主義がひとつの到達点を迎え、新たな段階を見出すまでの移行期的な混乱のひとつであった。そして、それは十年で終わったかに見えたが、本当は後に続くもっと大きな混乱への序章が終わったに過ぎなかったのである。

ヨーロッパの激震

経済のグローバル化とは何だったのかということを知るためには、この間の世界の動きを少し詳細に見てみる必要がある。それはまず、政治的な覚醒ともいえるヨーロッパ市民革命にはじまる。それが意味していたものは端的に世界の権力地図の再編であるといえるだろう。

一九九〇年をはさんで、世界が、とりわけヨーロッパにおける政治情勢が揺れ動きだした。その動きは、それ以前の動乱、たとえばギリシアにおける軍事独裁政権転覆やポルトガルの独裁制崩壊、あるいは南米諸国のクーデターなどとは趣を異にする。それらは、世界史的な民主化プロセスの中で、塗り残されたように残った無理筋の独裁が崩壊してゆく一国内部での出来事であったが、ヨーロッパにおける政治状況の動揺は、イデオロギーに支配された世界の体勢（冷戦体制）そのものが同時多発的に揺らぎ始めたということであり、それがこの時期にこのような形ではじまると予測したものは多くはなかった。そしてそれが驚くべき速度で進行することを予測しえたものはもっと少ない。

八九年の八月、東ドイツ市民がハンガリー・オーストリアから集団で西側へ脱出し、同一一月にはベルリンの壁が撤去され、翌年東西ドイツが統一される。東欧においてもポーランド、ハンガリーに民主化革命が起こり、チェコスロバキアでもビロード革命と呼ばれる無血民主化革命が続いた。さらにルーマニアでもチャウシェスクによる独裁政権が市民革命によって打倒される。東欧革命の波はソ連邦にも波及し、エストニア、ラトビア、リトアニアのバルト三国が独立の動きを見せ、ペレストロイカを推進するソ連共産党書記長ゴルバチョフを揺さぶった。ゴルバチョフはこれまでソ連邦がとってきた軍事介入ではなく対話路線によって緊張を収拾しようと試みたが、革命の波の圧力は政治的な決着といった中途半端な形で収拾できる段階を超えていた。バルト三国は独立し、九一年、エリツィンがロシア共和国の大統領に就任すると、旧体制保守派によるクーデターが勃発した。これが、ソ連守旧派の最後の戦いとなった。全世界が注目するなかでクーデターは失敗に終わり、このクーデターを鎮圧したエリツィンが新生ロシアの大統領に就任し、一九一七年の革命以来続いたソ連共産党一党独裁体制が終焉を迎えたのである。

日本にとっても、ヨーロッパに巻き起こった「民主化革命」は大きな関心事ではあったが、極東の島国から見えるヨーロッパの光景は、どこか対岸の火事のように見えていたかもしれない。しかし、東欧の「民主化革命」は連鎖する雪崩のように続き、ついにはソ連邦の崩壊にまで至ったとき、日本の戦後政治・経済体制の基調となっていたアメリカとソ連による冷戦体制もまた終わったのである。この冷戦体制は、日本の政治・経済を支えた政治的・経済的なバックグラウンドでもあった。それを日本経済の側から見て冷戦特需体制といってもよい。政治的にも、経済的にも日本はこの冷戦に大きな恩恵を受けてきたといえる。それでもこの時点では、この冷戦体制の終焉がどのような形で日本に直接的な影響を及ぼすことになるのかについては、政治家も経済人もまだ明瞭なイメージをよく持ちえていなかったのである。

これを書いているわたしもまた、世界史年表と、資料、インターネット情報と、当時テレビが伝えてきた切れ切れの映像を再構成してみたに過ぎない。歴史の表面にあらわれてきた「事件」の背後に、本当は何が起こっていたのかということは、ほとんど何もわからないといってもよいかもしれない。歴史を振り返って、当時誰もがそう呼んでいた「民主化革命」という言葉さえ、留保を与えなければならないと思う。確かに全体主義的な国家体制であるソ連邦が崩壊し、自由主義的な世界が拡大していったという点だけ見れば、それはイデオロギーによる正当性の争いにおけるひとつの決着であったといえるだろう。しかし、強大な中国共産党はいまだに健在であり、勝利したと見えたアメリカ、イギリスのその後の経済体制、国家体制もまた安泰ではなかった。当時、世界のほとんど誰もベルリンの壁崩壊と、ソ連邦の崩壊を予測できなかったように、現在でもなおそれが何であったのかについて、政治学者も経済学者も明確な説明をすることができない。

テレビとインターネット

わたしは、百科事典的な情報だけではなく、この東欧革命のプロセスのはじめからおわりまでを、至近から凝視し続けていたものが、そこから何を感じ取り、何を考えたのかを知りたいと思っていた。東欧革命は、世界中のジャーナリストの注目を集めた。しかし、その多くはまさにジャーナリスティックな事件として、この東欧の政治的革命劇を伝えはしたが、全体主義的な抑圧からの解放といった表面的な視点を超え出るものではなかった。一連の東欧革命を、市場主義的な競争社会と、国家管理による統制的な社会の対立としてだけとらえるならば、その結論もまた資本主義の勝利であり、社会主義の敗北であるという平板なものにしかならない。しかし、社会主義国家だけではなく、資本主義国家においても、そのなかに暮らしていたひとびとの変化への欲求が、この時期に世界の歴史を書き換えるほどの沸点に達していなければ、このような激動は起こりえなかっただろう。民主化とは、イデオロギーの闘争プロセスではなく変化そのものへの欲求なのだ。さらに民主化とは、国民国家の中にしか生まれ得ないが、同時に国民国家を消滅させるところまで進展するものだということをわたしたちは、後に知ることになる。

このパラドクスの中に、民主主義の栄光も悲劇もまたあるといえるだろう。

もちろん、民主主義とは古代ギリシアのポリスに端を発して以来、さまざまな意味づけが与えられてきたきわめて多義的な概念であり、政治形態でもある。

わたしがここで民主化というのは、三権分立や、国民主権といった政治システムのことではない。もっとずっとシンプルな根源的欲求、つまりは人間のひとりひとりがその権利を拡大してゆくプロセスのことである。そして人間のひとりひとりが権利を拡大してゆくプロセスは、他方では必ずひとりひとりが他者の権利を剝奪してゆくプロセスを伴うものだ。それを権力が暴力的に行うのか、あるいは市場のルールの中で自然淘汰によって行われるのかという違いはあるにせよ、変化への欲求は止まるところがない。プロセスの外観は単純だが、その進行の内部で起きていることは必ずしも単純ではない。それは個体の権利保護・拡大のためには国民国家が必要とされ、同時に個体の欲望の解放にとっては国家が桎梏になるという二律背反を克服してゆくプロセスだからだ。

この間の出来事を素描してみよう。インターネット・ブラウザのネットスケープ・ナビゲーターが登場するのが、一九九四年である。したがって、この時点（八〇年代後期）では、まだインターネットによる情報が自由に国境を越えて民衆同士を結びつけるということはなかった。それにもかかわらず、東欧のひとびとはほぼ「世界同時的」に、西側資本主義の社会が、自分たちの社会に比べて遥かに成功した豊かなものであり、自分たちも「あちら側」へ逃れたいと思った（らしい）。

そんなことがありうるだろうか。

国境を越えてひとびとを結びつけたものはテレビであった。東欧革命とは、テレビという消費資本主義を象徴するメディアがその最後の光彩を放った象徴的なメディアによる革命でもあった。もちろんここには、西側諜報機関によるプロパガンダがあり、地下で西側から届く電波に聞き耳をたてている「不満分子」たちがいた。テレビが伝えたのは、先進資本主義社会の幻想であり、テレビこそは幻想によってひとびとを駆り立てるに最適のメディアであった。

二〇〇三年に公開されたドイツ映画『グッバイ、レーニン!』（監督ヴォルフガング・ベッカー）は、この時代のテレビが真実という幻想を伝えるアイロニカルなメディアであったことをユーモラスに伝えている。

映画の主人公は、アレックスという孝行息子である。親孝行は洋の東西、政治の左右を問わずに存在するものだ。東ドイツの忠実な社会主義者である母親は意識を喪失していたが、ベルリンの壁崩壊後に意識を回復する。つまり、この母親は今浦島の状態で社会主義国から資本主義国へと舞い戻る。息子は、熱心な社会主義信奉者の母親がショックを受けてまた寝込まぬようにと、東ドイツの旧体制がいまだに続いているように画策し、演じきろうと試みる。しかし、いったん市場経済の洗礼を受けたこの国では、部屋の窓から見える街のあちこちにさえ消費文明のサインが現れる。コカ・コーラの宣伝、倒されるレーニン像。テレビからは否応なく現在の資本主義文明が家庭に流れ込んでくる。

孝行息子は一計を案じ、トリッキーな芝居を打つ。ベルリンの壁が崩壊したのは事実だが、勝利したのは東ドイツの体制であるというように。それでもテレビから流れてくる映像には東ドイツ市民が西側へ陸続として雪崩れ込むニュースが映し出されている。そこで息子は友人たちと画策して、この映像のナレーションだけを、まったく反対のものに作り変えるのである。つまり、西ドイツの市民たちが東ドイツに流れ込んでいるというように。

この映画が表象しているのは、ありえたかもしれないドイツである。資本主義に対して社会主義が勝利した町。ナレーションは「文明の退廃に飽いた西側の人々が陸続と東ドイツへと移住してくる……」と伝える。そして「人生には車やテレビよりも大切なものがある」とも。この映画に教化的なものは何もない。すべてがアイロニーであり、すべては嘘がつくるユーモアである。ただ、映画を見ているものは、消費文明も社会主義も人間が生きていくための代替可能な幻想でしかない、といった気持ちにさせられる。テレビの中のすべてのニュースには、幾分かは同じような幻想が含まれている。

おそらくは、東欧革命からソ連崩壊までの一連の流れの底流には、さまざまな利害の暗闘があったはずである。政治的、軍事的に見れば冷戦体制は、米ソ両陣営の利害にも一致した安定した緊張関係という性格をもっていた。「軍人はいつも過去の戦争を戦っている」という言葉があるが、冷戦体制とは戦場の恒久化であり、軍関係者にとっては望むべき対立でもあった。

この冷戦体制を崩したのはもちろん、ヨーロッパに澎湃《ほうはい》として巻き起こった民主化への動きだが、それを準備したものは不毛なイデオロギー論争と終わりの見えない軍拡という冷戦の競争体制そのものの制度疲労だったのかもしれない。八〇年代、社会主義陣営は経済の停滞により、市民生活は窮乏に追い込まれていたが、それだけが世界の体制を転覆させる動力になったとは考え難い。このとき同時に資本主義陣営もまた市場の飽和、人口減少、自然環境の悪化などに苦しんでいたのである。長期にわたる経済の低迷のなかで、ミシェル・アルベールがいう「資本主義対資本主義」、つまり福祉重視の資本主義と市場重視の資本主義の対立が顕在化したのもこの時期である。

八〇年代初頭、英米の経済は低迷を極めていた。イギリスにおける「揺りかごから墓場まで」政府が面倒をみる、大きな政府による経済の停滞は、マーガレット・サッチャーの登場により根底的な修正が行われ、小さな政府、市場原理による経済へと舵が切られた。アメリカもまた長期的なスタグフレーションに悩んでいたが、ロナルド・レーガンが大統領に選出されると、レーガノミクスと呼ばれる減税、福祉削減、規制緩和といった所得と歳出の再配分を行う政策を次々に打ち出した。どちらも、「行き過ぎた」政府干渉による福祉国家から、市場原理、競争原理を軸としたレッセフェール（自由放任）国家へと軸足を移したのである。

レーガン政権は、アメリカにおける戦後最後の反共イデオロギー政権でもあった。ソ連邦を「悪の帝国」と名指し、世界の反共主義運動を支援した。東欧革命とソ連邦の崩壊にはこの政権の政治戦略が加担していたはずである。

東欧革命、ソ連邦の崩壊を経て、世界の地図は大きく塗り替えられることになった。そのことの意味は、冷戦体制というある意味では安定した二極構造体制が崩れ、世界がひとつの市場になることであった。それはまた同時に、ひとつの市場を管理する「法」が不在であり、一国アメリカによる軍事的、経済的覇権が膨張することで不在である「法」を代替することを意味していた。九〇年代のアメリカが、自国の価値観、市場原理主義、新自由主義思想を世界に流布することで成し遂げようとしていたのは、世界のアメリカ化である。それがグローバリズムの始まりであり、超資本主義の始まりであった。ＩＴ技術の革新、とりわけインターネットの隆盛がアメリカのグローバリズムを後押しした。インターネットと金融を背景にしたアメリカン・グローバリズムは、一時的には大きな成功を収め、ＩＴ革命は、調達―生産―在庫―販売を全体合理的に調整可能にし、それ以前の生産―販売プロセスの部分最適化のタイムラグによる景気変動はもはや克服されたかのように見えたのである。しかし、歴史の自然過程のように進展した世界のグローバル化と、アメリカの国益の進展としてのグローバリズムが、歩調を合わせていたのはここまでである。

はたしてグローバリズムは、歴史の必然であったのか。以前わたしは、グローバリズムはアメリカの国家戦略であり、グローバリゼーションは歴史的な自然過程であると書いたことがある。確かに、グローバリズムはアメリカの国家戦略だったが、東欧民主化革命、ソ連邦の崩壊、ヨーロッパ共同体の成立が示しているのは、グローバリゼーションが推し進めた国民国家というものの変質である。テレビというものが、一つの国民統合の象徴である時代（日本なら六〇年代のプロレス全盛、大相撲と紅白歌合戦の時代がそれにあたる）が終焉し、世界中の人間が国家の管理なしに同時的に情報にアクセス可能なインターネットの時代が始まったことが、国民国家の変質に力を貸した。その意味では、技術の進歩と民主主義の進展が国民国家の枠組みを変質させて、世界を単一のひとつの市場へと押し出していったのは、必然であったといえるのかもしれない。そして、皮肉なことにアメリカが推し進めたグローバリズムは、思想的にも、実態的にも、この世界のグローバル化との乖離を広げていく結果になるのである（この件に関しては次章に詳述したいとおもう）。

人材派遣法とは何だったのか

ここで一旦、話を日本に戻す。軍事的、経済的同盟国であるアメリカのグローバリズムは、日本人の生活と労働の価値観にもまた大きな影響を与えた。とくにグローバリズムの影響を最も強く受けた産業界においては、それまで営々として積み上げられてきた日本的経営方式、たとえば年功序列、終身雇用といった制度が、もはや使い物にならない、非合理的な遺制として攻撃を受け、唾棄《だき》される陋習であるとして批判に晒されたのである。それに代わって現れたのが成果主義、自己責任論である。人材派遣という業態は、こういったビジネスパラダイムの転換の中で登場する。

わたしは、その功罪はともかく、人材派遣という業態が日本のビジネスの現場に受け入れられ根付いたことは、日本人のビジネス意識の転換を象徴する出来事であったと考えている。いや、ビジネス意識が転換したから、成果主義や人材派遣といったシステムが波及していったのではない。順序は逆である。いや、ほんとうはどちらが先とはいえないだろう。ビジネスの国際競争力を強化するために世界標準に合った合理的なシステムを導入するという名目でこれらのシステムが採用されたが、このシステムを受け入れる労働意識の転換も、民主主義の発展過程の必然であるかのように準備されていた。

もともと労働者派遣の様々な規制を撤廃することは、人件費を固定費から変動費へと転換させたい経営者側の要請であった。しかし、八五年の女性差別撤廃条約批准、男女雇用機会均等法の施行とその翌年の労働者派遣法の施行、そして二〇〇四年の製造業派遣の解禁に至るまでのプロセスのなかで、少なからぬ人々が「働き方の多様性」、あるいは「自由な働き方」としての派遣型雇用を、自ら選び取っていったという側面があったことを否定することはできない。とくに、若年層においては、戦後の終身雇用や年功序列というシステムの中で、企業の奴隷のように働いてきたサラリーマンの生き方を「社畜」として批判的にとらえ、自ら生き方を決め（自己決定）、他者や会社に頼ることをせず（自己責任）、自らがそうなりたい自分になる（自己実現）ために、すすんでフリーター、非正規社員への道を選択した。

わたしは、そういった心情をよく理解できる。わたしじしんもまた、大学卒業後に大企業に就職することを拒否して、数年間はアルバイトをして生計を立てていた。フリーターのはしりである。わたしの場合は、たまたま起業の機会があって仲間たちと会社をつくったが、もともと起業家として生きようといった野心があったわけではない。生きていくためにといえば大げさ過ぎる。成り行きで社長になったのである。ただ、この社長は心情的には現在のフリーターとさほど大きな隔たりがあるわけではなかった。

話を派遣法に戻そう。派遣業という業態そのものの歴史は古い。七〇年代後半、わたしがまだ学生アルバイトとして翻訳会社に勤務していたころ、緊急でタイピストが必要だということで電話帳を探して、人材派遣会社に派遣を依頼した。やってきたタイピストは、失礼ながら自社でいつも依頼していたタイピストと比較するとほとんど用をなさず、半日オフィスにいたがほとんど仕事らしい仕事はできなかった。一日の契約であったが、そのまま続行してもはかどらないということで、わたしは彼女にお引取りいただくことにしたのである。その形態は今の派遣とはすこし異なっている。いわゆるテンポラリーサービスというもので、臨時で一日から数日、緊急の助っ人を依頼するというものであった。ただ、そのときわたしは、世の中に人材の派遣というビジネスがあることを知ったのである。

この人材派遣会社の親会社はアメリカ法人で、その創立は一九四七年というから、戦後まもなくこのような働き方がアメリカでは一般的に行われていたということだろう。その会社は現在では世界八二カ国にネットワークを有し、年間四〇万社に社員を派遣している世界的な企業に成長している。

八〇年代になると、日本にも人材派遣業というビジネスが目に付くようになった。わたしの経営する会社は翻訳の会社であったので、もともとプロフェッショナルとしての翻訳者や、タイピストといった技能労働者を派遣するという目的の派遣ビジネスとはつきづきしい関係にあった。事実、わたしの会社のライバルと目されていた渋谷区近隣の翻訳会社は、人材派遣業の看板を掲げて、急速に業態を変換させていった。派遣業というものが法制化される以前は、同様な業務形態を請負として処理し、指揮命令権や労働者の権利があいまいなままで派遣を行っていたのである。労働者を派遣するといえば聞こえはよいが、実態は港湾労働者や、建設土木作業員などを過大なピンハネ率で現場へ送り込む人材ブローカーが横行していた。そもそも最初の派遣法（八六年の人材派遣法）は、そういった違法なブローカービジネスを規制し、派遣労働者の権利を守るという名目でスタートしたはずであった。業種をIT技能者などに制限し、指揮権限を一本化して明確にし、いわゆる派遣元と派遣先の二重管理を禁止したのである。

ところが、九〇年代以降の派遣法の改正は、この当初の精神とはまったく異なる動機によって発案され施行されることになる。名目は、グローバル化する経済競争に打ち勝つためということであった。一九九九年にまず、派遣業種の枠を上記のコア事業以外へ拡大し、二〇〇四年にはそれまでご法度であった製造業務への労働者派遣を解禁したのである。

この〇四年の製造業務への派遣の解禁は、それまでのプロフェッショナル業務の派遣とはその意味合いをまったく異にする。つまり、派遣労働者の権利を守るというよりは、景気変動のなかで人件費を変動費にするという生産調整の手段として製造業派遣が解禁されたのである。それまで製造業派遣を禁止していたことには理由があり、それを解禁するには当初の理由を覆すだけの別の理由があったということだ。

製造業にとって、生産コスト上の最大の問題は在庫の調整である。もし、労働者を需要の変化に応じて自由に雇い入れ、解雇することが可能であるならば、この問題は一挙に解決する。しかし、調達―生産―在庫―販売のプロセスを安定化させるために、人材を調整するということはそのまま、労働者の生活を需要の不安定要因のバッファにするということであり、労働者の生活そのものは不安定にならざるを得ないのだ(五年後におきた年越し派遣村の事態はそれを物語っている)。にもかかわらず、時の政府は製造業務の派遣を解禁した。その背景には、激しさを増すグローバルな人件費コストの競争があり、アメリカ側の強い要請もあった。

九六年に民間の審議会である規制緩和委員会なるものが発足している。委員長はオリックス会長の宮内義彦。小泉内閣のときにこの委員会は総合規制改革会議と名前を変え、〇二年に製造業派遣の解禁を内閣に具申している。そのときの委員には奥谷禮子株式会社ザ・アール代表取締役社長、佐々木かをり株式会社イー・ウーマン代表取締役社長、村山利栄ゴールドマン・サックス証券会社マネージング・ディレクター経営管理室長などが名前を連ねている。

この総合規制改革会議の第二次答申（http://www8.cao.go.jp/kisei/siryo/021212/2-7.pdf）には、グローバリズムというものがどのような思想のもとに導入されてきたのかが余すところなく語られていて興味深い。この答申は、ウェブ上に公開されているので機会があれば是非全文を参照していただければと思う。

労働者派遣の解禁もこのときに、他の規制撤廃と同じロジックによって正当化されている。すこし長いが労働者派遣の解禁に関わる部分を引用してみよう。タイトルは、「規制改革の推進に関する第2次答申——経済活性化のために重点的に推進すべき規制改革——」である。

まずは、「雇用・労働」に関する全体的な問題意識が次のように語られている。（傍点は著者による。以下同）

長期的な経済・社会の構造変化の下で、労働市場の状況や雇用の在り方は大きく変わってくる。これに伴って雇用・労働市場をめぐる規制の在り方も変化する。まず、人口の高齢化に伴い、個人の職業人生が長期化する一方で、経済のグローバル化等に伴う競争環境の激化や技術構造の急速な変化などにより、個別企業、産業の栄枯盛衰のテンポは速くなっており、結果として、個々の企業あるいは産業が労働者に対して保障できる雇用期間は短くならざるを得ない。

また、産業構造の高度化や就業形態の多様化に伴い、集団的に決定されてきた労働条件も、高度な専門能力を有するホワイトカラー層などへの能力・成果主義賃金の浸透など、個別決定化が進むとともに、パートタイム労働や派遣労働などを自発的に選択する個人も増えている。こうした新しいタイプの労働者像に対しては、従来型の規制は必ずしも適切とは言えず、個人がその個性と能力に応じた働き方ができるようにしていくことが重要である。

以上のような観点から、経済・社会の構造変化に対応して雇用・労働市場の規制の在り方も、より市場を通じた雇用保障を拡充し、多様な就業・雇用形態に対応し得るような形に改革していく必要があり、当会議として、円滑な労働移動を可能とする規制改革、就労形態の多様化を可能とする規制改革、新しい労働者像に応じた規制改革の推進を図ってきたところである。

なんだかよくわからない文章である。まず、人口が高齢化しており、グローバルな企業競争が激化しているので、企業は雇用を保障できないと言っている。つぎにパートタイムや派遣労働を自発的に選ぶ個人が増えているのだと言う。そして現在（当時）の規制は上記の実情に合わないので、規制を撤廃すべきであると続く。しかし、企業が雇用を保障するための他の方策については論じられていない。現在（当時）の人的リソースをどのように活用してゆくのかを考えるのが経営の要諦のひとつであるにもかかわらず、古くなって使えなくなった機械を新品と入れ替えるがごとき経営観が語られている。

経営者たちがどのような経営観を語ろうが、それは余人が口を挟めることではない。自社の利益のために、あるいは自らのビジネスをより有利にすすめるために自社を変革することは当然であり、そのことで経営者が責めを負う必要はない。しかし、法律によって規制を作ったり撤廃したりするということは、一企業の経営観の問題ではない。社会をどのように構想するのかという問題である。

かつて必要だと思われて施行された規制を撤廃するためには、その規制を存続させることのデメリットと、撤廃することのメリットを比較考量する必要があるはずであるが、ここにはそれがなく、多くのひとびともそれを望んでいる（はずだ）といった恣意的であいまいな理由が述べられているだけである。この政策を施行すれば皆が得をするはずだというウイン・ウインの論法（その多くがまやかしであることをわたしたちは後に学ぶことになる）であり、規制撤廃という結論ありきの論法が展開されている。

つぎに労働者派遣事業に関する規制緩和に関する、具体的な施策について詳細に説明がなされているのでそちらも検討してみよう。

> 就労形態の多様化を可能とする規制改革
>
> （1）派遣就業の機会拡大【次期通常国会に法案提出等所要の措置】
>
> 労働者派遣制度については、昨今の雇用情勢の急速な変化を踏まえ、労働者の働き方の選択肢を広げ、雇用機会の拡大を図る等の目的から、派遣事業許可制度の在り方、派遣期間の延長又はその制限撤廃や「物の製造」の業務の派遣禁止の撤廃等を含めて、調査・検討結果を早急に取りまとめ、次期通常国会に法案の提

出等所要の措置を講ずるべきである。

① 派遣期間制限の延長又は撤廃【次期通常国会に法案提出等所要の措置】

派遣期間の制限に関しては、法律に基づく1年の期間制限と行政指導に基づく3年の期間制限のいずれについても、派遣労働者の声を踏まえ、これを延長又は撤廃することも含め検討し、その結論を早急に取りまとめ、次期通常国会に法案の提出等所要の措置を講ずるべきである。

② 派遣対象業務の拡大等【次期通常国会に法案提出等所要の措置】

現行労働者派遣法は、附則において、当分の間「物の製造」の業務について派遣事業を禁止しているが、製造業務の派遣事業に係る他国の状況も踏まえながら、これを解禁することも含め検討し、その結論を早急に取りまとめ、次期通常国会に法案の提出等所要の措置を講ずるべきである。

その際、安全衛生等に関する派遣労働者の労働条件の適正な確保を図るために啓発・指導等を行うべきである。

③ 労働者派遣事業に関する規制緩和【次期通常国会に法案提出等所要の措置】

すべての事業所に許可が必要としている現行の労働者派遣事業の許可制については、手続の簡素化の観点から、法人としての許可があれば、事業所の設置は届出で済むよう許可制度の緩和を行うことを含め検討し、その結論を早急に取りまとめ、次期通常国会に法案の提出等所要の措置を講ずるべきである。

④　紹介予定派遣制度の見直し【次期通常国会に法案提出等所要の措置】

紹介予定派遣を通常の派遣と同様の規定で律することには限界があり、実態調査等を踏まえ、事前面接や履歴書の送付要請、採用内定等の行為の解禁等法制度を含む現行制度の見直しを行うべきである。

あちこちに、規制の撤廃は労働者からの要請であり、労働条件の向上に寄与するためと謳っているが、わたしには、グローバル企業競争に克つためには、経営側が自由に廉価で、雇用調整し易い労働力を確保できるようにする必要があり、労働者派遣に伴う規制は、その障壁になっているとの主張に聞こえる。この答申をまとめた委員たちの中に、すでに人材派遣業を営んでいるものがおり、市場原理主義的な傾向のある経営者がおり、後に大きな問題を起こすデリバティブ取引のプロはいるが、ここで自らも規制の撤廃を望んでいるはずだとされている労働者側の人間は含まれていたのだろうか。当初、派遣労働者の権利を守るというところから出発したはずの労働者派遣法が、ここにきてほとんど企業の国際的競争力強化のための法律へと変わっているのである。

ここには、労働者の声がほとんど反映されておらず、委員が労働者の声として「働き方の選択肢の拡大」「雇用機会の拡大」という規制撤廃の必要を代弁したかたちになっている。しかし、どのように読んでも、この法律が労働者のためのものであるよりは、経営者のための法律であるように読めてしまうのである。

会社を経営してみれば誰にでもわかることだが、経営の要諦とは先ず第一は安定的な仕事があることであり、第二は有能な人材を確保するということである。つまり、仕事と人の問題が、大企業、中小零細企業を問わず一義的に重要な課題であることは、論をまたない。仕事が安定的に供給され、有能な人材が適材適所に配置された会社というものは理想である。仕事が不安定で、人材が遊んでいる状態というのは経営者が最も避けたい事態である。しかし、景気の動向、発注先の都合、業態の状況などにより、いつも安定的に仕事が供給されるとは限らない。いや、むしろ仕事はいつも不安定であり、それだからこそマネジメントが重要な課題になるのである。経営者というものは、常に仕事と人材のマッチングに頭を悩ませている。

戦前より、日本的経営と呼ばれるものは、日本の家制度（家父長制、長子相続制）を規範として発展してきた。社長は家父長であり、社員は家族であり、会社は家というアナロジーを大きく逸脱するようなものではなかったのである。終身雇用も、年功序列もまた、日本の家制度の価値観をそのまま踏襲している。雇われ人は、仕事に就くのではなく、家に入って家族の一員として滅私奉公することを強いられ、家父長は家族に対して終身雇用でこれを遇するというわけである。だから、日本的経営にとっては、雇用契約は奉公であり、休暇は藪入りであり、馘首は勘当であった。もちろん、これらは戯画化した表現だが、多かれ少なかれ日本の会社というものの文化の中心には家制度の文化が色濃く反映されていた。

確かに、こういった民俗学的な習慣の上に培われた日本型の会社経営といったものが、グローバル標準から大きく逸脱してゆくことは避けられないことであった。しかし、そのこと自体は、良いとか悪いとかいった価値判断とは別の水準に属する問題であり、どのような会社システムにするのかは、経営者と従業員が共同で作り上げ選び取っていくべきものだろう。それはまさに、会社の数だけの様々なグラデーションに彩られた経営スタイルが存在するということでもある。国境をまたいでおこなわれるビジネスの世界においては、ローカリズムは常に障壁として存在する。雇用制度、報酬制度、契約の考え方、ヒエラルキー、言語、どれもがグローバルビジネスの障壁なのだ。

世界中の会社やビジネス習慣を一つのルール、一つの標準のもとに統一すべきであるというのは、それが正しいからではない。そうしたほうが「自分たち」に有利に働くからである。「自分たち」とは、ヘッジファンドを筆頭にして、資本移動によって利益を生み出すものたちすべてである。一方、グローバル資本主義というアメリカが推し進めた、世界の市場の標準化とは、アメリカの金融帝国主義とでもいうべき国策であり、大きな貿易赤字と財政の赤字を抱えて、製造業から金融にシフトせざるを得なかったアメリカ経済の延命策でもあった。それが、特定のひとびとによる利益確保の戦略であれ、あるいは国益を守るための国家戦略であれ、グローバリズムは各国の企業家にも受け入れられ短期間のうちに大きなトレンドになっていった。資本そのものの自己増殖への本性が、自由貿易、市場の拡大といったものをも後押ししたからである。

アメリカ金融帝国の国策としてのグローバリズムの背景では、世界が民主化し、インターネットが国境を越え、異文化同士が交流し、経済が新たな市場を求めて動くといった歴史の自然過程としてのグローバリゼーションというものが同時進行していた。グローバリズムという政治戦略と、似ているようだがまったく異なるグローバリゼーションという歴史の自然過程は、始めは手を携え、後にその違いが矛盾となって表出する。

アメリカン・グローバリズムは、二〇〇八年の九月に起きた、アメリカの名門投資銀行リーマン・ブラザーズの破綻によって、大きな挫折に直面した。カード・ローンや住宅ローンといった借金のシステムを基盤として、複雑な債権ビジネスを構築してきた大手証券会社、保険会社が、この日を境にして次々に破綻してゆき、世界の富を略取するためのシステムがもはや国家の管理なくしては立ち行かなくなったのである。

アメリカン・グローバリズムが破綻した理由は、アンチ・グローバリズム圧力に敗れたからではなく、グローバリズムが推し進めたアメリカ型の略取のシステムが世界に広がった結果として、世界がアメリカを略取することを学んだ結果なのだ。中国、ブラジル、ロシア、インドの急速な台頭こそは、まさにグローバリゼーションの効果なのである。

閑話休題。

日本の労働改革は、戦後のGHQ主導による民主化政策の一環に組み込まれた。団結権、団体交渉権、団体行動権を保障するという労働三権の獲得は、組織労働者という新しい階級を作っていく。しかし、現実に日本の労働の現場を担った中小・零細企業に働く多くの労働者たちにとっては、所詮大手企業内部での出来事に過ぎなかったともいえるだろう。

さらに、派遣労働者と正規雇用労働者の賃金格差是正ということで、近頃話題に上っている同一価値労働同一賃金というような発想は、零細未組織労働者だけではなく、多くの組織労働者の中にも馴染みの薄いものだった。その大きな理由は、すでに述べてきたように、家制度をモデルにした日本の雇用システム自体が、労使契約のもとで労働力を売買するといったヨーロッパ、アメリカモデルとはそもそも相容れないものだったからだ。年功序列というシステムと、同一価値労働同一賃金というシステムは共存できなかったのである。日本にグローバリズムの波が押し寄せてきたとき、多くの日本の経営者や労働者が、それに危機意識を覚え、日本もグローバル化する必要があると考えた。そのためには、日本の古い労働慣習は廃棄され、新たな労働システムがつくられなければならないと考えた。

労働者派遣法もまた、その文脈の中で施行されてきた。しかし、グローバリズムというものと、ローカリズムというものがどのように共存しうるのかというように問題を立てたものは多くはなかったのである。

価値一元化への傾斜

東欧圏が民主化し、ソ連邦が崩壊して冷戦構造が終わったとき、グローバリゼーションの流れは「世界が民主化してアメリカを必要としなくなる」（エマニュエル・トッド『帝国以後』）方向へと向かっていた。そのとき、「アメリカは世界なしではやっていけない国」（同）になっていた。強大な軍事力を背景にしてアメリカの存在感を示し、その価値観を世界に流布することが、アメリカの覇権を維持することであり、アメリカの利益に適うものであると考えること。これはひとつのイデオロギーであり、九〇年代以降、こういった覇権主義的なイデオロギーがアメリカの中に台頭しはじめた。いわゆる、ネオコンといわれるイデオローグたちが振りまいた幻想であり、この幻想を振りまいた者たちは、小さな政府、規制緩和、市場原理を掲げた新自由主義的な金融ビジネスマンと、あるところまで同一の歩調で歩んでいたかのように見える。両者は、本来的にはその出自を異にしていたが、ただアメリカ的価値観を世界に流布するという点で協同し得たのである。

イデオロギーとしてのグローバリズムについて、わたしはほとんど興味がない。むしろ、イデオロギーと経済主義者が協同して流布した、世界のアメリカ化（別の言葉でいうなら標準化）という考え方が日本に与えた心理的な影響こそが、わたしが注目するところである。

労働に関しての、アメリカ的思考と日本の伝統的な労働観の違いに関しては、すでに第二章において詳しく述べた。簡単に要約するなら、アメリカの労働観の基本にはベンジャミン・フランクリンが説いた「労働とは時間であり、時間とは貨幣である」というプラグマチックな労働道徳が脈々とした流れをつくっている。ハードワークも、倹約も、遊びも、勉強も、すべては金銭という尺度によって計量可能なものであるという金銭価値一元的な考え方である。こういった功利主義、プラグマチズムそれ自体は、良いとも悪いともいえない。ただ、古いヨーロッパ的価値観を逃れて新大陸を開拓してきた清教徒を出自にもつアメリカの精神というものの特徴がよく表現されており、それは同時に「欲望が社会を発展させる原動力である」というアダム・スミス以来の古典的な経済観とも親和性を持っている。先住民族の土地を略取し、他民族を受け入れて自由と民主主義の実験国家をつくってきたアメリカという国家幻想を纏め上げるためには、異なる民族・文化圏に対しても翻訳可能で流通可能な統合軸が必要であった。それが労働と直結する貨幣であり、貨幣は価値を計量する度量衡であると同時に、あらゆる価値を表象する象徴でもあった。

この度量衡を拒否し、別な価値の表象を掲げる民族は、アメリカの中の非アメリカとして生きる他はなかった。アレクシス・トクヴィルが観察したように、定住労働そのものを忌避してきた北米の先住民族である多くのインディアンは、ヨーロッパの文明に同化することを拒否し続ければ滅びる以外はなく、受け入れれば半開の人種として西欧文明の施しの中で生きることに耐えなくてはならなかった。

また、同じトクヴィルが指摘するように、アメリカ人の思考方法の特徴とは、「体系の精神から、習慣の制縛から、家訓から、階級の意見から、そしてある程度に国民の偏見から脱すること」であり、「伝統を教訓としてのみ考え、現在の事業を、他のもっとすぐれたことをなすための有用な研究のためのものとみなすこと」であり、さらには「物事の理由を自分の独力で、そして自分だけで探求し、手段と結び付けることなく結果だけをめざして前進すること」であり、「形式を通して、ものごとの根底を見ぬくこと」であった[21]。

わたしは、一九世紀のアメリカ研究者の烔眼が、今でもその輝きを失っていないことに驚くが、同時にアメリカ的なものが世紀をまたいで不変であることにも驚く。

一方、日本における職業観、労働意識の中心にあったものは、労働とは金銭に還元できるものであるというよりは、何ものにも還元できない生き方そのものの道徳律であったように見える。その違いを作ったのは、民族的特性というよりは自然的な諸条件であると見るべきだろう。多くの日本人が戦前戦後を通じて、いやもっと以前より自らの欲望を抑制すること、多く望み過ぎないことを身上として生きてきた。自然から食物を収穫するという労働パターンにおいては、多く望みすぎることは自然そのものを毀損し、持続的な収穫を損ねるものと考えられ、むしろ自然と折り合いをつけ、協調してゆくことが求められてきた。それ以上に人々の欲望を抑制へと導いたのは、日本の伝統的な家族制度だろう。長子相続の家父長制度の下では、富や財の配分は個人の努力によって定められるのではなく、まさに家制度の体系によって、習慣によって、家訓によって定められていた。何から何まで、アメリカ的なものとは対極的なシステムの中に生きていたのである。

トクヴィルがこういった家族制度の遺制を「制度の体系、習慣、家訓」と書くとき、かれはヨーロッパ貴族政治の時代の因習を意識していただろうが、アジア一帯に広がった独特の思考方式も同時に意識していたと思う。それは、マルクスが「アジア的生産様式」と呼んだ、前資本主義的生産様式であり、歴史の発展プロセスの中で生まれる過程的なものであるのかもしれないが、同時に資本主義的な生産様式に対するオルタナティブとしての可能性でもあったはずである。

さて、トクヴィルはアメリカ人の思考的特徴を分析した後、大変興味深い省察を行っている。

「前記の哲学的方法は、ヨーロッパでも地位が一層平等になり、そして人々が互いに一層似かよったものになるにしたがって、一層確立され一層通俗化されてゆきつつある」[22]

ここで言う「哲学的方法」とは、理解できないことを簡単に否定したり、特別な並外れたものや、超自然といったものを信じないということであり、明瞭で合理的なものだけを信ずるような実効的現実的な思考法のことである。それをプラグマチズムといってもよい。トクヴィルは、民主化の発展の帰結としてアメリカ的な思考方法が生まれてくると示唆している。はたして長い時を経た日本でも、民主化の発展の帰結として同じことが起きたと考えるべきなのだろうか。

ここで、六〇年代までは残っていた上記の日本的な労働意識が、八〇年代後半の週休二日制を経て、九〇年代に大きく変質し、人々の価値観もまた一八〇度転換していく不思議な光景について考察したいと思う。それは同時に、産業資本主義が、消費資本主義を経て、金融資本主義へと変質してゆくプロセスで、どのような心理的な変転が起きたかを考察することでもある。

六〇年代。わたしがまだ小学校から中学へ上がるころ、時代のヒーローはテレビの司会者であり、新聞記者であり、大学の先生であった。いずれも近代化へのプロセスのなかで注目を集め、尊敬される職業であったが、かれらが大金持ちであったというわけではない。少なくとも、この時代に金銭というものが唯一の価値の指標であったとはいえない。金銭はいつの時代でも、誰にとっても貴重な価値であることは論をまたないが、金銭に還元し得ない価値があると信じられていたのがこの時代である。

その価値はもちろん人によって異なる。あるものにとっては、社会的なポジションであるかもしれないし、あるものにとっては知識や教養であったり、あるいは芸術的な才能であったり、頑強な肉体であったりしたかもしれない。何がその時代の価値を決めるのかは、さしあたり問題ではない。何故、価値観がこのようにばらけていたのかが問題なのである。その「何故」に答えることはほとんど困難である。

しかし、誰もが金銭一元的な価値観に収斂していく二〇〇〇年以降の市場経済の時代と引き比べるとき、この時代までは消費＝交換といったことがひとびとの生活上の主題であるよりは、労働＝贈与といったことのほうが主題として前景化していたとはいえそうな気がする。労働＝贈与に対する返礼は必ずしも、それと等価なものや金銭ではない。むしろ、不等価であることに意味がある交換なのである。親の子供に対する愛情は、返礼を期待して注がれるわけではない。子供が親に対して行う孝行もまた、そそがれた愛情や費やされた学費に対する返礼でもない。それぞれが、そうしたいからそうするのであって、返礼を期待して行う行為ではない。この奇妙な交換の中にあって、商品交換の中にないものはなんだろうか。わたしは、それを価値の創造であると考えている。労働も、贈与も、その行為そのものが、他の何ものによっても置き換え不能な価値の創造なのだ。

多様な商品群に囲まれた消費の時代の方が、労働の時代よりも多様な価値があふれているように思われるかもしれないが、金銭一元的な価値観の中にある価値の差異とは、ただその金額の多寡、つまりは量的な差異でしかない。これを多様な価値の時代とは誰も呼べないだろう。等価交換のプロセスの中ではどのような価値も生まれてこない。価値はあらかじめ計量されて値札をつけられて、貨幣によって買い取られることを待っているだけなのである。消費の時代においては、全てのものが商品＝金銭的価値＝価格に収斂してゆく。

一見多様に見える消費生活を決定するのは、透明で万能の尺度である金銭的価値である。

市場経済についていうなら、供給が需要を大幅に上回る需給ギャップの時代が二〇〇〇年以降の趨勢であり、六〇年代とは圧倒的に需要が供給を上回る時代だった。需要が供給を上回っている時代には、物を作れば砂に水が染み込むようにひとびとの間に浸透してゆく。供給過剰の時代に、なお物を市場に供給し続けるためには、市場が消費それ自体に価値を見出すように誘導してゆく必要があった。百円のライターと、一万円のライターの間に使用価値上の差異はほとんどない。それにもかかわらず、一万円のライターを市場で流通させるためには、一万円のライターを購入するという消費行為それ自体が価値であるような価値観を、ひとびとが共有する必要があったのである。消費それ自体が価値であるということ、つまり「消費力」が表象するもの。それは、金銭以外の何ものでもない。

消費の時代においては、金銭そのものが労働の成果であって同時に目的でもあり、労働はそれが生み出すものの価格によってしかその価値を計測されなくなったということでもある。

かくして、かつて金銭に還元されえないと思われた様々な人間活動（たとえば親切、もてなし、義務の遂行、贈与といったこと）が金銭で測られるようになり、教育や医療や、介護といったことまでが商品（サービス）として流通するようになっていく時代が到来したのである。

第5章

移行期的混乱

経済合理性の及ばない時代へ

経済成長という病

ビジネス原理論的な本を二冊出版した後、わたしは『経済成長という病』（講談社現代新書）という本を出版した（二〇〇九年）。その前年に所謂リーマン・ショックがあったので同書は緊急出版と銘打たれたが、実際には以前より考え、書いてきたことをまとめたものだった。幸いなことに同書は多くの読者に受け入れられたが、反発もまた多かった。言わずもがなのことであるが、同書の趣旨は、経済成長そのものが病であるということにあるのではない。経済成長が可能ならそれに越したことはないとは同書にも書かれている。わたしが同書で示したかったのは、わたしたちが立っている時代についての出来る限り正確な認識なのであって、希望的な観測ではない。またそれは、対処的な対策、遂行的な提言なのではなく、どうしたらよいのかを考える直前のところまでの認識についての考察であった。

一国の経済発展プロセスの中で、経済成長がもはや困難なところまで消費も生産も行き着くことがありうるということ。その兆候は人口の減少に顕れるということ。日本は先進工業国中でいちはやくそのターニングポイントに達しており、大きなパラダイム変換のなかにいる可能性があるという仮説を述べたのである。そして、にもかかわらず、これまでの経済成長パラダイムにしがみつき、他の可能性を配慮することができなくなることを「病」と呼んだのである。

しかし、同書に対しては「過去へのノスタルジーによって経済成長を否定する退行指向の迷言であり、経済成長なしには目下の日本の諸問題、つまり格差や、グローバル経済への立ち遅れや、少子化の問題は解決できない」という批判があった。また一方に、「同書の仮説は実証的な根拠に乏しく、その仮説が仮に妥当だとしても、それに対する具体的な処方も書かれていない」という、いつもながらの批判があった。

どちらも、わたしが当初より想定していた批判の域を出ていないと言わざるを得ないのだが、こういった批判の語り口そのものが「経済成長という病」の結果なのだという他はないのである。

実証的な根拠に乏しいという批判に対して、今回は本書の第一章において、その根拠の元になったものを、いくつかの発表されている白書ないしは、インターネット上で公開されているデータによって示したつもりである。また、具体的な処方が書かれていないという点に関しては、何故具体的な処方が書き得ないのかについての説明をしたつもりである。そして、ここではできうる限りわたしたちが今後とりうべき、生活と経済のスタンスについて書いておこうと思う。

二〇〇九年一二月一五日付けの毎日新聞朝刊に、「経済戦略をめぐる財界トップの発言」と題する記事が掲載されている。日本経団連御手洗冨士夫会長（当時）、経済同友会桜井正光代表幹事、日本商工会議所岡村正会頭といった財界御三家揃い踏みといったかたちで、経済成長に関する提言を行っている。

三人の発言を記事から引用してみよう。

日本の政策に成長戦略が見えないことが先行きの不透明感につながっている（3日、報道各社のインタビューで）　日本経団連　御手洗冨士夫会長

無駄の排除を徹底しながらも一番大事なのはパイを大きくする、税収を上げる、すなわち成長戦略だ（8日、定例会見）　経済同友会　桜井正光代表幹事

政府が成長戦略を明確に示すことによって産業側もそれに応じて人員の増員計画を立てられるようになる（11月19日、定例会見）日本商工会議所　岡村正会頭

これらの発言がいまのところの日本の経済界のトップの時代認識であり見識である。新聞の記事には、鳩山政権の関係閣僚に提出したという提言書の内容について「新たな需要が期待できる5分野として、アジア経済▽環境▽ICT（情報通信技術）▽医療・介護・保育▽農業、観光――を提示」とある。また「経済協力開発機構」（OECD）加盟国の二〇〇〇～二〇〇八年までの国内総生産の実質成長率が、日本を除く平均で二・五パーセントなのに対し、日本は一・五パーセントにとどまったことを指摘」とも報じられていた。そして、この提言に対して政府は「成長戦略策定会議」を設け、政権としての方針作りに乗り出すということであった。

わたしは、大手企業のトップが経済成長を期待し、その期待の根拠として拡大するアジア経済や、環境分野や、農業分野の産業の可能性に言及していることはよく理解できる。いや、それは経済界トップでなくとも誰でもが感じていることであり、すでに様々なメディアが報じてきたことでもある。しかし、心情として理解できるということと、その見識が時代認識として妥当性があるのかどうかということはまた別のことである。

財界のトップは、企業の親睦団体の代表であるに過ぎないとしても、経済界のリーダーでありその発言は政治的な意思決定にも影響を与えうる立場にある。それゆえに、日本の歴史的、経済的ポジションについての大局的な見識の持ち主であってもらいたいと思う。

わたしは、OECDの発表データにおいて、日本のGDPが平均値より低くなったことの理由について、それが経済成長戦略の欠如の故であるといった議論にはとうてい与することはできない。本書のなかでこれまで何度も述べてきたように、日本のGDPが伸び悩んでいるのは、戦略の欠如によるのではなく、経済成長の結果なのである。反対を考えればその事実はより鮮明になるだろう。中国やインド、ブラジルが経済成長しているのは、それらの国々の戦略の比較優位性によるのではなく、発展途上国の近代化、都市化への移行期における歴史的現象であり、いわば自然過程というべきだろう。無論、国家が成長段階へ至るには国内外の政治的、経済的状況や埋蔵資源などの自然環境にも大きく左右されるので、これをすべての国家に共通の歴史的必然というつもりはない。国内の紛争や、他国との戦争によって大きく成長が毀損されることもある。事実日本は、戦前すでに二パーセントから六パーセントのレンジでの経済成長をしていたが、敗戦によってGDPが戦前の半分にまで減少している。しかし長期的な視野に立てば、一国の経済の進展は経済成長戦略といった机上の論理を超えた諸条件の複合した結果として現れることが見てとれる。

経済界のトップの発言は、わたしにはただ経済界の希望的な観測という以上の意味はないように思える。そして、それが希望的な観測だとしても「経済成長戦略の欠如」といった、どんな喚起力も持たない凡庸なフレーズでしか日本の経済の未来を指し示すことができないことに大きな失望を感じる。もっというならば、その発言からは自らが成長の未来を切り開くという覚悟ではなく、政府に戦略がないというような責任転嫁の趣さえ感じる。

経団連をはじめとする財界が「政府に成長戦略がないのが問題」といい、自民党が「民主党には成長戦略がない」といい、民主党が「わが党の成長戦略」というように口を揃えるが、成長戦略がないことが日本の喫緊の課題かどうかを吟味する発言はない。

「日本には成長戦略がないのが問題」ということに対して、わたしはこう言いたいと思う。

問題なのは、成長戦略がないことではない、成長しなくてもやっていけるための戦略がないことが問題なのだと。

戦後日本は、高度経済成長期の一〇パーセントに迫る成長期が続き、その後三パーセント台の安定期を経て、九一年以降は一・一パーセントまで成長率が下がってきている。日本の他国との比較成長率が低下している理由は、成長戦略を持たなかったというよりは、日本の社会が、経済的な伸びしろを広大に有している中国や、ブラジルなどといった成長段階にある国からテイクオフして、成熟した段階に入ったことを示していると見るべきである。

経済成長がもたらしたものは、消費文明であり、民主主義の進展であり、都市の膨張であり、家族形態の変容あるいは崩壊であり、女性の地位の比較向上であり、婚姻の選択肢の拡大であり、出生率の低下である。それらが総合した結果として、いま日本は有史以来の総人口の減少という局面を迎えている。経済成長というものが、生産と消費の関数であるとするならば、成長のパイとは総人口（総労働人口と総消費人口）そのものであり、他のパラメータとしては、労働生産性と企業による設備投資があるのみである。

これは、戦後経済学の大家のひとり、ロバート・ソローが言うように、経済成長が労働人口と投下資本とＴＦＰ（全要素生産性）の三要素によって決まるといっても同じである。労働人口の減少局面においては、経済成長を続けるためには生産性を極大化する以外に方法がない。しかし、日本は、戦後六〇年の長きにわたって続けてきた経済成長の結果として、総人口が減少し経済成長を続けることができない社会構造に、半ば必然的に移行してきたというのがわたしの認識である。

社会構造の変化を促したものは有効需要が飽和したとか、限界効用の逓減とかいった目に見える理由だけによるのではない。個人の可能性の最大化を目指して進展してきた民主主義そのものが持つ限界が露呈し始めたということでもある。

それを戯画的に描けば次のようになるだろう。

戦後十年の地域社会は、互酬的な共同体といった性格を色濃く持っていた。困ったときには助け合うといえば聞こえがよいが、それはお互いがお互いを監視するような社会でもあり、お互いがお互いの足を引っ張り合うような社会でもあった。才能や実力があっても、共同体の因習からはみ出ようとすれば、出る杭は打たれるといった空気が共同体全体を支配していた。共同体の利益を保守するためには、村八分のような酷薄なボイコットシステムが起動する。よく言えば結束の固い運命共同体である。

一方で、個人がその権利を最大化するためには、地域社会に色濃く残っていた血縁的・地縁的つながりは桎梏でしかなかった。同時に、科学技術の進歩や経済の発展が、もたれあわなくとも生きていけるだけの生活基盤を個人個人にもたらした。

民主化の進展は、因習的な世界を解体し、ひとりひとりが個人の自由な意志で生き方を決めるような、自己責任、自己決定、自己実現というあたらしい生活様式を急速に促していった。その結果として地域社会の互酬的な共同体はその存在理由を失い、やがて家族が分断され、お互いがお互いに無関心であるような孤独なひとびとを大量に排出するような社会が出来上がった。決まったパイを取り合うために、誰もが個人の自由意志や、権利を最大化するようにふるまえば、そこには弱肉強食の争奪が始まる。この競争に勝つために合理的、効率的な働きかたが追求されるようになる。アダム・スミスが国富論で説いたように、ひとを効率的に動かすためには、善意に期待するよりも、欲望に訴えた方が効果がある。パイが決まっているとき、ひとりひとりの自己の欲望を最大化するふるまいは、お互いの欲望と相反する。社会のメンバー全員の欲望を同時に最大化することはできない。そのことを人間は知っているがゆえに、そこにより激しい競争が生まれ、ひとりが他のひとりの敵になるようにふるまう。個人の欲望の追求が極限まで進んでいけば、それぞれの欲望は決まったパイをめぐって激しく衝突し、その衝突の調整や、衝突の回避に向けたエネルギーが、パイ自体を拡大するエネルギーを凌駕するようになる。

ひとびとが望んだ民主主義（最大多数の最大幸福）の進展は、それ自体が民主主義の精神への背馳（弱肉強食）に向かい、人間が人間らしくという理念はどこかで、自然淘汰が支配する動物の世界に近づいていく。

もちろん上述したのはひとつの戯画としての民主化の進展プロセスである。日本における歴史上始まって以来の総人口減少という事態は、なにか直接的な原因があってそうなったというよりは、それまでの日本人の歴史（民主化の進展）そのものが、まったく新たなフェーズに入ったと考える方が自然なことに思える。

この歴史的事実は、経済成長戦略というような短期的、対処的なタームでは説明もできなければ、問題を乗り越えることもできない。

経済成長戦略があれば、経済成長が可能であり、税収が上がり、社会が安定するというのは希望であって、正しい認識ではない。

希望を語ることは重要だが、同時に人口減少社会に突入した、現在の日本の状況というものをもう一度冷静に見つめなおしてみる必要がある。

たとえば高度経済成長期、相対安定期と、現在における就業者人口の推移を見てみると、六〇年から六五年までの五年間では、毎年平均で八万人以上増加している。これに対して九四年から九九年までの五年間では、一万八〇〇〇人しか増加していない。さらに、ミレニアム以後の一〇年は減少し続けているのである。このことは、先にのべた経済成長の鈍化と明らかな相関を認めることができる。

経済成長のメインプレイヤーの総数が減少しているときに、どのようにして経済成長を維持することができるというのだろうか。経済成長の主要なファクターが就業者人口の増加であるとするならば、現在の日本において高度経済成長期、相対安定期までの経済成長を維持することが困難であることは容易に判断することができる。それでも、生産を増大しようとするならば、就業者ひとりひとりの労働生産性を上げなければならない。しかし、日本こそは労働生産性のモデル国であった。八〇年代から九〇年代の「カイゼン」の努力、トヨタシステムを規範として取り入れてきた日本の生産現場で、現在さらなる生産性の向上の伸びしろが多く残っているとは思えない。調達におけるカンバン方式や、機器配置の徹底した効率化、作業現場にストップウォッチを持ち込んで作業時間の短縮を追求した後に、どれだけの効率化への余地が残されているのかと考える方が自然だろう。最後に残されているのは高付加価値を生み出す生産システムのイノベーションということになるのだろうが、劇的なイノベーションが実現するためには、少なく見積もっても研究と開発のための一〇年の時間が必要になるだろう。

かくして、経済を拡大基調に戻すために現在行われている努力は、これまで経済の拡大と比例して拡大してきた格差や、環境破壊、都市への一極集中などの矛盾をさらに拡大させることになる。

これでは、お先真っ暗といったところである。

しかし、わたしは高度資本主義が行き着くところまで行った先に、待ち受ける社会に対して絶望よりは希望を抱いているひとりである。総人口の減少を食い止める方策は、さらなる経済成長ではない。あるいは経済成長を続けるための方策は、総人口の再増加でもない。むしろ、それとは反対の経済成長なしでもやっていける社会を考想することである。その考想がひとびとに共有されたとき、人口動態もまた平衡を取り戻すはずである。

しかし、当分の間は、経済成長待望論者による生産性向上と富の収奪のための様々な試行錯誤と、行き過ぎた金銭信仰のために破壊された労働倫理、そして拡大を続ける格差などによる移行期的な混乱が続くだろう。

こう考えることはできないか。

この移行期的な混乱は現在を見つめ直すための必要な混乱であり、その後には歴史過程的な人口調整が終わり、破壊された労働倫理が復活し、定常状態に近い経済均衡がもたらされることになるだろうと。そのときは、現在の価値一元的な競争原理が作ってきた時代のパラダイムとは別の、あたらしい時代のパラダイムが形成されているはずである。いや、順序は逆かもしれない。あたらしい時代のパラダイムが形成されたとき、歴史的な人口調整が終わり、経済的な均衡がもたらされる……。

あたらしい時代のパラダイムとはどのようなものなのか。

それをひとことで述べることはできない。

ただ、あたらしい時代のパラダイムをつくるには、どのように考えるべきではないかは言うことができそうである。それは右肩上がりの成長段階での思考の延長で考え、成長を前提とした指針によって行動すべきではないということである。それらは、問題を解決しているのではなく、ただ先送りしているだけだからである。いや、場合によっては、現実との乖離を拡げるだけの結果を招来し、様々な混乱の原因をつくることになる。以下の項で、その症例がどのようなものであるかを見てゆくことになるだろう。

つまり、どのように考えるべきではないかを知ると同時に、経済成長パラダイムからあたらしい時代のパラダイムへの移行期的混乱について、それがどれほどの厄災と効果をわたしたちにもたらすのか、そのことの意味は何なのかを知る必要がある。なぜなら、この移行期的混乱の中にこそ、あたらしい時代のパラダイムを示唆する萌芽もまた宿っているからである。

商いの倫理崩壊

前著『株式会社という病』でも触れたが、経済が停滞期に入ってからの二〇年間の企業倫理の崩壊には凄まじいものがあった。そしてそれは、それ以前のものとは量的にも質的にも明らかに様相を異にした現象であるように見える。

二〇〇〇年　雪印集団食中毒事件
二〇〇二年　武富士会長の盗聴事件
　　　　　　日本ハムの牛肉偽装事件
　　　　　　雪印食品牛肉偽装事件
二〇〇四年　コクド・西武鉄道の有価証券虚偽記載
　　　　　　三菱自動車のリコール隠し
　　　　　　白骨温泉入浴剤事件
二〇〇五年　石油ファンヒーター欠陥問題
　　　　　　明治安田生命による保険金不払問題

アイフルの取り立て問題
JR西日本福知山線脱線事故
耐震強度偽装マンション販売事件
二〇〇六年　ライブドア証券取引法違反事件
村上ファンドインサイダー事件
コムスン介護報酬不正請求事件
パロマ湯沸かし器死亡事件
日興コーディアル利益水増し問題
二〇〇七年　NOVAの虚偽勧誘問題
不二家期限切れ原材料使用事件
ミートホープ食肉偽造事件
白い恋人賞味期限改ざん問題
フルキャスト違法人材派遣問題
オレオレ詐欺の横行
二〇〇八年　ヤマダ電機、一六万人不正派遣強要
飛騨牛偽装事件

船場吉兆廃業

二〇〇九年　但馬牛産地偽装事件

上記は、二〇〇〇年から〇九年までの企業不祥事の一端である。細かく見ていけばキリがないほどに、企業の不祥事が横行した一〇年間であった。いや、いつの時代にも企業というものは倫理違反をするものであり、とりたててこの時期に多かったというわけではないという考えもあるかもしれない。わたしは、そういった考え方に異論はない。企業とはそういった病を裡《うち》に抱え込んだ存在なのだということを『株式会社という病』の中でも縷々述べてきた。

しかし、この間に起きた不祥事には、それ以前のものと明らかに質の異なるケースが含まれている。それはたとえば食品偽装であり、建築偽装といったものづくりの根幹に巣食った労働倫理に関わる病根である。もちろん過去に同様の事件がないわけではないが、ほぼ同時期にこれほど多様な業種で、大量に偽装問題が起きたことはなかった。そして、そのことが社会問題化したこともなかった。

戦後長い時間をかけて庶民の信頼と羨望を積み上げてきた大手の菓子メーカーや、老舗《しにせ》の料亭は、何故自らの最大の誇りであるはずの「商品」に疵をつけるようなことをしてしまったのか。

あるいは、職人気質が残る建設の業界内部に、何故劣悪な部材調達といったことが起きてしまったのか。

これらの問題が起きたとき、新聞・テレビをはじめとしたマスコミは、一斉に経営者の倫理崩壊を指弾する報道を行った。多くのひとびともまたこれは、一部の悪徳業者が目先の利益に目がくらんで悪徳に手を染めたのだと考えたと思う。

しかし、わたしはそのようには考えなかった。

わたしは、謝罪の記者会見の場で言い逃れをし、あるいは頭を下げ、あるいは身体をふるわせている経営者たちの顔を見ていて、このひとたちはただ一方的な加害者であるわけではないのではないかという疑問がぬぐい切れなかった。

そして『株式会社という病』の中でわたしは次のような認識を書き記した。

しかし、私はこの事件（不二家の賞味期限切れ原材料使用）はそのような「質の悪い」経営者によって引き起こされた不祥事という解釈は、根本的に間違っていると思っている。そうではなくて、これこそが株式会社というシステムが持っている病が発症したひとつの顕著な例であると考えるのである。

ここにあるのは、経営者も、従業員も会社は必ず右肩上がりに成長し、利益を最大化しなければならないという幻想がつくる枠組みから、自由になれなかったという、共同体の呪縛である。かれらが、自社の不手際に対して適切に対応することができなかったのは、かれらに倫理観が欠如していたからではない。かれらの育てた共同体の倫理そのものが、社会の倫理とは倒立していたということである。[23]

不祥事を起こした経営者たち、現場の責任者たちの顔を見ていて感じるのは、かれらがたとえば詐欺師とか犯罪者といったものたちの相貌とは違って、わたしたちのとなりで働いている普通のひとたちと同じ顔をしたひとたちであり、自分の家庭にもどればよき父であったり、兄であったりするようなひとたちであるということである。

倫理崩壊をおこしているのは、不祥事に直接手を下したかれらではない。

会社で働くわたしたちと同じ人間が、わたしたちが育ててきた「信仰」のゆえに倫理を踏み外している。「信仰」で語弊があるなら「集団的価値観」と言い換えてもよい。

これがわたしの認識である。

では、ここでいう「信仰」とは何か。

それは端的に、ひとも社会も成長しなければならないという右肩上がりが自然なのだという幻想であり、右肩上がりとは富（金銭）の増大のことであり、富（金銭）の増大は正義であるという「信仰」である。

「たとえそうであるにせよ、富の蓄積に手段を選ばないということが問題なのではないか」といわれるかもしれない。しかし、信仰とは、いったんその世界に入ってしまえば世間の常識とは別の常識が支配する世界であるがゆえに信仰なのである。信仰の世界と、生活上の常識はしばしば倒立したかたちであらわれる。いや、倒立した倫理観や価値観を持たなければ、信仰が信仰である存在理由がない。問題は経済成長という「信仰」は何故、これほどの力を得たのかということである。

この「信仰」は誰かひとりの宗教家が作り上げたものではない。成長期待企業に賭け金を置くものたち、つまり株主であり、その賭け金の価値の上げ下げで商売をするものたち、つまり証券会社であり、金の力が万能だと信じるものたち、つまり拝金主義者であり、金銭一元的な価値観を喧伝してきたマスコミであり、それに乗っかったわたしたちひとりひとりである。

誤解している方も多いが、わたしは、一億総懺悔をしろといいたいのではない。そんなことをする必要はないし、したところで何の役にもたつまい。わたしが追究しているのは、わたしたちが推し進めてきた民主的な社会というものが、現在のところどういった段階にあるのかについて出来得る限りの正確な認識である。

わたしが不祥事を起こした経営者を指弾する側のマスコミ人たちに望むのは、自分たちがこの会社の経営者であったらどのようにふるまうだろうかという想像力である。ほんとうは、右肩上がりの成長は自然でもなければ、成長とは富の増大という尺度だけで計測できるものでもない。

人に寿命があるように、商品にも、会社にも寿命がある。

不二家の場合は六〇年代には庶民の憧れの的であるような、いかにもおいしそうなケーキで人気を博していた。業績も当時はうなぎのぼりに向上したはずである。しかし、今日において、ケーキやパフェはコンビニでも手に入り、ファミレスでも食べることができる日常的なデザートになっている。一方、消費者の行動は、どこの店の、どのパティシエが作ったどのケーキが欲しいというように、個別化、多様化している。

不二家は、もはや「不二家ブランド」で競うことができない、凡庸な菓子屋になっており、当然ながら市場占有によって利益を確保することができにくくなっていた。

不二家の経営者を指弾するマスコミ人が、従来のように売り上げを伸ばすことができなくなった老舗企業の経営者であり、なおかつ利益を出すことが経営者に与えられた至上命令だと考えるなら、どうやってこの苦境を切り抜けようとするだろうか。

わたしもまた、ひとりの経営者として考えるのだが、取り得る手段は多くはないように思える。そしてその最も手近な手段がコストカットである。

もし、一般管理費や人件費をぎりぎりまでスリム化してもなお、利益が生み出せない場合はどうするのか。それは商品そのものの製造原価を下げることである。つまり、無理なコストカットを行うということに他ならない。

製造原価の切り下げは、それが目に見えようが潜在化しようが、必ず商品に跳ね返ってくる。そのことが、また商品の市場価値を低下させることになり、在庫の山を作る原因にもなる。そしてさらに、無理なコストカットが必要になる。

どんなマスコミ人も、コストカットの努力それ自体に異論を唱えることはしないだろう。直近の例で言えば、日本航空の再建に関して、国費を投入する条件として徹底的に無駄を省くことが要請されている。それが、たとえ交通の便の悪い地方に暮らす人々の足を奪うものであったとしても、赤字のフライトは廃止されることになるだろう。

郵政民営化の場合も、同じようなケースが見られた。僻地の人々の情報交換手段でもあった郵便局も、民営化されれば赤字部門として整理されることになる。競争力のあるビジネスだけが生き残る権利があり、その事業がどれほど意義あるものであったとしても赤字を垂れ流すことを知りながらそれを存続させることは、経営の倫理違反であると、多くのものが考えたのである。

先の不採算事業を続ける経営者は、この負のスパイラルの中で、ついに禁じ手を使う。それが、原材料の偽装であり、売れ残りの再利用である。

このことは、二つの教訓を私たちに指し示している。

ひとつは、良いものを作っていれば必ず売れるという時代が終わったこと。

もうひとつは、経営者が危険な禁じ手を使ってまで利益を確保しようとしたことには理由があるということである。

つまり、経営者たちは倫理観が喪失していたがゆえに禁じ手を使ったのではなく、市場原理が生み出した経営の倫理（利潤を出すこと）に過大に従順であったがゆえに禁じ手を使ったということである。

格差論の難しさ

民主化の進展が、民主主義を毀損する。このロジックを前節で戯画的に描いたが、現実の世界でそれがもっとも顕著にあらわれたのが、格差の拡大である。

これに対する反論は、次のようなものだろう。

「現実には世界の貧困層は減少しているし、日本においても全体的な勤労者の収入は増え続けてきて、絶対的な困窮者というものの数は減少している」

「格差が拡がったのは、新自由主義的な競争原理の激化や、規制の撤廃や、非正規社員の増大によるという意見があるが、それらのことと所得格差との間に相関関係は認められるとしても、因果関係があるとまでは言えない」

「社会主義的な分配を採用しない限り、時代の流れに対応できないものや、生来の能力差があるものや、なまけものと、懸命に働いているものとの間に格差が生じるのは当然であり、そもそも人間は思うほど格差のない社会というものを望んではいないことは、社会主義の失敗が物語っている。いまさら社会主義へ戻りたいとは誰も思ってはいないだろう」云々。

格差論と、それへの反論はマスコミでも、ネットの中でも大変に活発である。

わたしは、現実には「格差」は拡大しており、セーフティーネットの充実は重要な政治課題であると考えているが、この先「格差」が解消される方向へ進むとは考え難いし、必ずしも「格差」というものが無い社会というものが暮らしやすいものだとも思っていない（格差ではなく、「格差」と表記した理由については以下に述べる）。

格差論の難しさは、格差というものが何を指しているのかについて、必ずしも国民的合意が出来ていないということであり、あたかも富めるものと貧困層の間の階級闘争のごとき闘争はあっても、そこで格差の意味についての議論が深められているわけではないということである。

格差とは、何を指しており、何が問題なのか。

格差というとき、一般には所得格差を指している。それが、戦後の日本で拡大したのか、それとも格差の拡大ということ自体が幻影であるのかについては、家計調査年表などが明確な指標を出しているのでそれを参照すればよい。

仮に、上層上流世帯（二〇パーセント）の所得と、下層下流世帯（二〇パーセント）の所得を所得倍率で比較すれば、その幅は高度経済成長の時に縮まり、停滞期の九〇年代初頭に拡がっている。しかし、それ以後は一般的なイメージとはうらはらに、小泉行政改革の時代にはむしろ縮まっている。

世帯間所得格差のデータは公表されているが、問題となっているニート、フリーター、単身高齢者などのデータは除外されているので、実態のほどは実はよくわかっていないということも勘定に入れないといけない。

統計そのものの問題があり、政策と結果の因果関係には恣意的な解釈が入り込む。要するによくわからないのである。

一方、ニート、フリーターを含む厚生労働省の「国民生活基礎調査」によれば、八〇年代後半からその格差はずっと拡大傾向にあることが見てとれる。

しかし、そもそも上位二〇パーセントと、下位二〇パーセントに対する所得倍率で示される格差指標というものが何を意味するのかというと、これがなかなか複雑であり、これをもって格差を論ずることが妥当なのかという問題がある。

高所得者が、バブルの崩壊や、金融崩壊によって一挙に収入を失えば、それだけで格差は縮小されるし、低所得者の雇用率が上がったり、高齢者に対する年金が増えれば、それも格差縮小の指標になって現れてくる。

格差の実態は、なかなか数値だけでは摑み難いのである。

わたしがよく参照させてもらっているインターネット上の統計サイト「社会実情デ

ータ図録」（http://www2.ttcn.ne.jp/honkawa/index.html）の制作者は、「統計データは大量観察に特徴がある。国民意識は、特徴的な事件や出来事をとらえて動く。勝ち組や負け組、ニート・フリーターの増加、大儲けする六本木ヒルズの入居企業、生活保護世帯の増加などは、格差拡大に結びつく社会現象である。こうした現象によって格差拡大が促進されている面も当然ありえる。しかし、大量観察の結果は、むしろ、年齢別賃金カーブや社会保障の充実といったもっと大きな変化を反映しているのだと考えられよう」という見解を述べている。[24]

実際のところ、ほんとうに格差が拡大しているのか、格差が何故拡がるのか、そして格差そのものの何が問題なのかは統計的なデータからだけではよくわからないのだ。

ここから先はやや危なっかしい議論をしなくてはならない。

わたしが、本節の最初の部分で格差ではなく、「格差」と表現したのは、いわゆる統計的な所得格差だけを問題としているのではなく、意識的な「格差」が拡がっているということを問題としているからである。それは同時に「格差という物語」の発生について考えるということである。

実態としての格差がどうであったかはひとまず措くとしても、小泉改革（二〇〇一年以降）が進行するなかで、「格差という物語」が発生し、増加していることだけは疑いようのない事実だろう。

ではいったい誰が「格差という物語」を紡ぎだしたのだろう。

昭和五〇年代、六〇年代は、現在からみると遥かに格差の少ない社会であったかのように見える。それは関川夏央が言うように「共和的な貧しさ」が日本全体を覆っていたからである。当時も大金持ちはいたし、赤貧洗うが如き生活をするものもいた。しかし、国民の多く、つまり中間層が貧しさにおいて、どんぐりの背比べのような状態にあったときは、格差は大きな問題にはならなかった。むしろ、明日の生活をどうするのかということが主題的な関心であった。

それは第二章でも触れた片岡義男がいうように、「もう少しでいいから経済的に余裕が出来たら、生活の内容をああもしたい、こうも出来るだろうといった、ささやかな夢がどこまで実現するかしないか、出て来る玉は白か紅かの、大売出しの福引のような日々」である。恒産のない、その日暮らしの生活というものが日本中のどこでもあたりまえであったのである。

この自然な貧しさは、苦しさと同時にひとびとに一定の平安をもたらす。隣りも、その隣りも、同じような物を食べ、同じような服を着ていた。そして、同じように働いていたのである。しかし、この時代に格差がなかったかといえば、それはあまりに実情とかけ離れた認識だというべきだろう。庶民の貧しさのさらに下層に、今日と同様に、いや今日以上の路上生活者が、厳しい状況下であえいでいたはずである。

それでも、この時代の中核メンバーである一般庶民の間には、格差よりは同じような境遇という意識の方が強かったとはいえるだろう。それは、必ずしも余裕のある文化的な生活を享受する層ではなかったが、不思議な安定感がかれらを支配していた。

この共和的貧しさに彩られた平等意識が崩れるのは、東京オリンピック以後である。それをもたらしたのは都市化、近代化への歴史のうねりである。都市化といい、近代化といい、それは既に都市化している地域をますます先鋭的な都市へ作り変え、既に近代化している部分をさらに近代化するという趨向性をもっている。

そのことが、都市と農村との間に大きな環境格差、情報格差を拡げていった。

それは都市と田舎といった空間的なところでだけ起きたわけではないだろう。近代化のプロセスは共同体的な生活を崩壊させ、個人が個人とのあいだで利害を競い合うシステムを必然化した。そのほうが、全体としての生産および消費効率が上がるからである。人間の生活においても、富めるものをさらに裕福にし、持たざるものをさらに搾取するような市場のルールがなかば必然的に採用される。機会の均等、平等でフェアな競争とどんなに言い募ろうと、競争とは強いものが勝つという蓋然性の上に成り立っているゲームなのである。そして、多くの日本人が外敵に克つためという理由で（グローバル競争）、あるいは経済成長のための最適のシステムという理由で（市場原理）、その競争ルールを受け入れたのである。

近代化のプロセスで、効率を最大化するためには競争ルールを採用することは必然であったが、同時に競争参加者の間の格差が拡大することも必然であったのである。

地域社会に起きたこと、生活の中に起きたことは、人間の心理の中にも起こるだろう。不思議なことに、「格差という物語」は、自らの立ち位置を格差の下位に定めるものと、競争社会というものをさらに推し進めようとするものが共同して紡ぎだしたのだ。

自らを格差の上位に位置づけるもののなかに「格差という物語」は生まれようがない。なぜなら、かれには格差を常に意識する必然がないからである。学歴、職業、ステータス、報酬といったものに対して、自らが本来受け取るべき機会、金銭、ポジションが不当に貶められているという意識がなければ、格差は問題にはならない。

格差を常に意識するということは、自分が格差社会の下位に位置しており、その位置は本来自分が享受すべき位置ではないはずであり、自分が不当にシステムの犠牲になっているというメンタリティに固着しているということである。戦後の「国民総貧乏」の時代であれば意識の上にのぼらなかったものが意識されるということは、この意識が相対的なものであることを物語っている。

競争社会を推し進めようとするものたちは、この格差意識を利用する。もし、格差の下位に甘んじたくなければ、努力せよ、機会は均等に与えられているのだから今のおまえのポジションは自分の責任なのだというのである。

格差意識というものは、常に同時代の他者との比較において、あるいはあるべき自己と現実の境遇との比較において存在している。

もし、戦後の「国民総貧乏」の時代と現在の格差の時代に大きな違いがあるとすれば、それは社会の中核をなすメンバーが下流下層から、中流中層へと移行したことであり、中流中層のメンバーがかつての下層下流のメンバーが持ちえていた共同意識を喪失して個人個人がバラバラに切断されているというところにある。

バラバラに切断された個人は、常に他者との比較、あるべき自己との比較において自らを同定しなければならない。そして、その意識こそがこのメンバーの間に意識格差を生み、再生産してゆく。

格差とは、格差意識の問題であり、格差意識とはそのメンバーが属している社会そのものが構造的に生み出している問題である。

その問題と、現実に路上に弾き出された貧困の問題とのあいだには重大な相関関係があるが、同じ問題ではない。一方は社会の中核メンバーの意識の問題であり、もう一方は人道的かつ緊急の政治的、遂行的問題である。

競争社会というルールを選んだ社会が、そこから逸脱して、職が無く、住む家が無く、明日に対する希望が無いものに対して、救済の手を差し伸べるべきか自己責任として放置すべきかは社会全体の設計に関わる政治的な課題である。それはひとつのイデオロギー、つまりは正統性の問題であり、わたしの立場を申し上げるなら、明日生きることさえままならないひとびとがこの社会に存在しているのは事実であり、それを放置することは社会そのものが基本的な役割を放棄していると言わざるを得ないということだ。

くどいようだが、そして判りにくいことだが、そのことと「格差という物語」が社会の中に瀰漫してくるということとは別のことである。別の問題として考えないと問題の本質が見えてこない。

問題の本質とは、社会の中流中層に位置するコアメンバーが、明日はそのコアメンバーから除外され、やがては社会のフルメンバーからも除外されるかもしれないという心理的な不安定さの中に生きており、その心理的な不安定さが「格差という物語」

を増幅させているということである。

戦後数年間の「共和的貧しさ」を作り上げたのは、もちろん誰もかれもが等しく貧乏であったということもあるが、同時に貧富の差を横断して日本の再生を目指すという大きな心理的な共同性が形成されていたからである。社会のメンバーに貧富格差はあっても、同じ社会のメンバーとして同じ方向を向いていたといえばいいだろうか。

近代化と民主主義の発展は、この大きな共同体をひとつひとつの地域へと解体し、さらにひとつひとつの家族へと解体し、最後にひとりひとりの個人へと解体していった。

共同体が解体されたことの意味は「同一性」よりも「差異性」が主題的となるような生き方が選択され続けてきたということである。

「本来あるべき自分（じぶんらしさ）」という自己評価の仕方、「自己実現」といった考え方が生まれてくる土壌と、「格差という物語」が生まれてくる土壌、経済成長を生み出す土壌は同じひとつのものなのである。このことがすなわち、民主化・都市化の進展が民主主義そのものを毀損するという意味である。

第一章ですでに述べてきたように、現実的にはこれから先、大きな経済成長を望むことは難しい。格差の問題は格差意識の問題であり、経済成長を待望する限り格差は再生産されていくことになるだろう。しかし、希望とはうらはらに現実の社会において経済成長が止まった後には、個人にとっての格差意識は後退し、社会にとっては絶対的な貧困の存在をどうするのかという政治課題がクローズアップされることになるはずである。この問題を解決できるのは格差意識から解放された中核メンバーの他にはいない。

もし、そうでないとすれば、独裁者による平等分配が強行されるかである。後者が現実には実現不能であり、独裁者の理念がどれほど社会の生命力を毀損するかをわたしたちは歴史から学んできたはずである。わたしは、格差意識から解放された社会の中核メンバーによる社会構造の変更だけが絶対的な貧困を解決する方向へ向かうことができると思う。つまり政治的に対処するためには、納税者ひとりひとりの心理的な土壌が、競争から共生へと変革される必要がある。他者との「差異性」が主題となるような生き方よりも、他者との「共同性」が主題となるような生き方が規範となる必要がある。しかしながら現在までのところ、わたしたちの社会は経済成長への希望と、経済成長の中で拡大した格差意識とのギャップの狭間で揺れ動いている。

倒産の増加

二〇一〇年現在、中小・零細企業をめぐる環境は最悪である。じぶんでも三〇年以上零細企業を経営し、多くの同様の経営者と知己を得てきたが、昨今はその多くの零細企業主が日々の資金繰りに奔走し、企業規模を縮小し、給与を切り下げるなどの綱渡りの営業を続けている。

「こんなことは、これまで四〇年事業を続けてきて初めてだよ」

「いったい、六兆円の中小企業救済予算はどこへ行ったんだ」

「銀行はプロパーでは貸してくれない。保証協会もまた銀行と同じで、決算数値だけで貸し出しを渋っている」

「以前は持ち家を担保に入れれば確実に貸してくれたのに、最近では不動産担保だけでは貸してくれない。サブプライムローンじゃあるまいし」

「もう、自己破産するしかないが、まあ命までは持っていかれないだろう」

こんな声がごく身近なところから毎日聞こえてくる。

百戦錬磨の創業経営者たちは、ちょっとしたことでは動じないが、さすがに昨今の不景気には頭を抱えている。いや、不景気はこれまでにも何度も経験してきた。倒産の危機というが、板子一枚下は地獄であるような日々には慣れっこになっている。それでも、今の状況がいつになく厳しく感じられるのは、なによりも仕事の絶対量が急激に減少したことと、状況が回復する見通しがほとんど得られないということにある。

かれらは、今回の不況がこれまでのそれとは異なっていることを直感的に感じているのだ。

万年中小零細企業の経営者にとって、資金繰りや人の手当てを遣り繰りしながら操業を持続させることは、他のどんなことよりも重要なことであり、危機を乗り越えてゆく体験の蓄積やノウハウに関しても自負していたはずだ。しかし、前年比で五割も注文が減少すれば、経営努力だけでは如何ともし難いのである。

三〇年前なら不意の仕事減少に対して、元請けの資材担当に泣きついたり、同じような業種の仲間の社長に相談して仕事を回してもらうということもあった。

しかし、この頃は右を見ても左を見ても、自分が生き残るだけで精一杯で、仲間といえどもかまってはおれないといった状況が続いている。いや、かまいたくとも手元の勘定を合わせるだけで精一杯なのである。

リーマン・ショックとそれに続く超円高不況は、輸出にたよる大手企業を直撃し、磐石の経営と見られたトヨタを期間労働者切り、赤字決算へ追い込んだ。日本を代表する企業である日立、東芝といった有名企業も大幅な減収、減益、赤字決算を発表し、日本全体をかつてない不況感が覆ったのである。

大手企業の業績悪化は、そのまま大手企業へ納入している中堅企業に対する発注減少という結果になり、その下請けの中小企業、孫受けの零細企業へと下るにつれて、発注量の減少は過酷さを増していった。その過酷な仕事の減少は、ものづくりの現場において最も顕著にあらわれた。

なぜなら、ものづくり系の零細企業には発注をくれる会社が複数に分散されているケースが少なく、多くの場合は一社か二社のお得意様頼りの操業を続けていたからである。

「あらかじめリスク分散してこなかったからこういうことになるのだ」などというのは、現場を知らないものか、大手企業しか相手にしてこなかったコンサルタントの言い草である。多くの零細企業にとって、元請企業から仕事を回してもらうためには、最初は小さな仕事から始まって徐々に実績を積み上げ、発注の担当者との間で人間的な信頼関係を築き、急な発注に対しても文句を言わずに受け入れ態勢を作る必要があったのだ。それが、元請企業に対するロイヤリティの示し方であり、それ以外に零細企業が生き残っていく方途はなかったといえる。元請企業の担当者もまた、下請け企業を守るために何とか社内をやりくりして仕事が途切れないように配慮してきた。

元請企業にとっても、何十年も修練を積み重ねてきた末端の下請企業の中に大切な技術の蓄積があることや、自社の在庫調整を緩衝する役割を担ってもらっていることを承知しており、おいそれとこれを潰すことは自社の利益にならないことを知っていたのである。

「そんな小が大に跪拝するような下請け、孫受けのヒエラルキーこそが問題であり、零細企業といえどもパートナーとして対等の関係を築き上げなくてはならない」などというのは、オフィスで舌の回らぬ戦略論を論じてきた連中の言い草である。

世界中のどこへ行っても、「小」が「大」と対等な関係を築けるケースは稀であり、技術や人間関係など、稀な条件を「小」の側が持っている場合に限られるのはあたりまえのことだ。

実際問題として、下請け制度が集団で担ってきた大企業の在庫調整バッファという役割は、下請け制度がなくなることで消滅するわけではなかった。代わって派遣従業員やフリーターが単独でこの過酷な役割を引き受ける結果になったのである。

大手企業から末端の零細企業までが、雇用を守りながら数珠つながりになってひとつの生産共同体を形成していたのが、日本的な下請けシステムであった。七〇〜八〇年代にジャパン・アズ・ナンバーワンと持ち上げられ、もてはやされた日本企業の強さを支えていたのは、この生産共同体の結束の強さであり、中小・零細企業の蓄積された技術と職人気質であったと思う。多くの零細企業労働者が、単に報酬のためだけではなく世話になったひとびとや、自分の職人的な倫理観や、仕事そのものに打ち込む矜持や、後輩に対する技能の継承のために、黙々と働いてきた。それができたのは、そうすることですこしずつでも自分や自分の身の回りの生活がよくなり、社会もまた発展してゆくという将来に対する安心感のようなものがどこかにあったからだろう。終身雇用や年功序列といったシステムの安定がその安心感を支え、同時にこの安心感がシステムを安定的に稼動させていった。

西欧的な合理的な解釈からは、当時の日本人の働きかたは理解不能のものであったかもしれない。

かつてネオコンの代表的なイデオローグのひとりと目されたフランシス・フクヤマ(『アメリカの終わり』を書いた後は転向している)はその代表作『歴史の終わり』の中で、この日本人の過剰なまでの労働意欲について、日本人が欲望よりも「気概」を満足させるために働く特質をもっているからだと考えた。人間は、合理的に考えれば労働の限界不効用が労働から生じる物質的利益の効用を越える点に達するまでは働くが、それ以上は働く動機がないということになる。人間が不快な労働をするのは、それによってその不快さを上回る利益があるときだけだと書いた後、日本人の労働について次のように記している。

彼は自分の目先の利益のために働くのではなく、自分が所属している集団や、あるいはもっと大きな集団の福利のために働くのだ。彼の地位は、個人としての功績よりもその集団の功績によって決められる。集団に対する彼の愛着は、したがって、きわめて「気概」に満ちた性格をもっている。つまり、その集団が自分と一体であることを認めてもらうために働くのであり、また、たんに自分の給料という形であらわれる目先の利益のためではなく、他の諸集団に自分の集団をみとめてもらうために働くのだ。[25]

フクヤマは、アメリカの自動車産業をおびやかしたトヨタやニッサンに代表される集団主義について考えていたのかもしれない。

実際に零細企業の人々を身近に見てきたわたしには、フクヤマのような解釈は大企業のサラリーマンにはあてはまる部分が無くはないが、日本人の現場労働者の特性としてこれを強調することには違和感を覚える。現場の職人たちは、集団主義に染まるよりも、ひとりの職人として、個としての矜持《きょうじ》によって自らを支えていたといったほうがしっくりとくる。

当時の日本の多くの中小・零細企業の現場には、集団同士の競争というよりも、職場に対する愛着、仕事に対する倫理が生きていた時代であり、それはまたひとびとが個人主義に目覚める前段階としての民主主義の発展段階に生まれた労働エートスだったと考える方が自然なことのように思える。労働が生活と直接的に結びつき、欲望が肉体と乖離していない時代の労働倫理ということである。少し丁寧に掘り下げてみれば、同じような歴史の発展段階がアメリカの労働者の中にもあったはずである。ただ、日本においてそれが特殊に見えるのは、この労働エートスが他の場合との比較として顕著であり、なおかつ長期にわたって継続してきたことによると思われる。

終身雇用や年功序列といったシステムが、長期にわたり受け入れられてきた理由をひと言で語ることはできない。ただ、終身雇用、年功序列の時代とは、効率主義が蔓延する前段階の、労働と生きることが直結していた時代だったとはいえると思う。ここでいう効率主義とは、労働が肉体と乖離した欲望充足のための手段であり、そのために最低の労働で最大の効用を得ることが合理的だと考えるような傾向のことを指す。

しかし、戦後長い時間をかけて育まれてきた「非合理的」労働エートスは、人材派遣という新しい業態の出現、標準化という名の合理化、工場の海外移転、人手から機械化への技術革新とともに溶解してゆく。ひとびとが個人主義に目覚め、労働の限界不効用と利益について計算し、経営者が短期的な利益のための人材調整を考えるなかで、終身雇用も年功序列も、その不合理性だけがクローズアップされてきたのである。そして、その不合理なシステムの存続を全身で支えてきた零細製造業は、この労働エートスの溶解とともに、生き残るすべを失っていった。

わたしが生まれ育った東京・大田区の久が原駅にほど近い町においては、ワンブロックの中に四つの工場があったが、いまはそのすべてが消失し、マンションやアパートに姿を変えている。百メートル四方を見渡せば、数十の工場が早朝から夕刻まで元気に操業を続けていた時代があったのである。わたしは、それが懐かしいからという理由で(もちろんなつかしい風景だが)、日本的な下請けシステムの崩壊を語っているわけではない。

そこに、ひとつの近代化への発展の必然的なプロセスがあり、そのプロセスは必ずしもひとびとを幸福に導いたわけではないということを確認したいだけである。

日本の高度経済成長、相対安定成長を支えてきたのは、日本的な下請けシステムであったということは強調しておいてよいとわたしは思う。

この事情は、現在の中国においても、あるいはブラジルにおいても同じ帰趨をたどることになるだろう。およそ、高度経済成長の過程においては、末端労働者、末端の下請企業が生産システムの矛盾を引き受けることで、急激な成長を下支えしているのである。そして、近代化が終わり、やがて成長が鈍化するプロセスで、末端の下請け企業の役割もまた失われていくのである。


ここまでは、わたしの見てきたことであり、定性的な分析である。では、定量的な数値はどうなっているのか。

帝国データバンクがウェブで公開している二〇〇五年から二〇〇九年までの企業倒産の統計をみると、図表5のように、企業倒産の件数はまさに右肩上がりで増加している。この中には、大型倒産も含まれるが、負債総額そのものは必ずしも棒上がりに増加しているわけではない。この事実は、倒産企業のほとんどが中小・零細企業の倒産であることを示唆している。

一方で、図表6に示されているように企業総数の方は平成三年（九一年）以降減少を続けている。

このことから、多くの中小・零細企業が、倒産するか廃業するかの岐路に立っているということが類推される。

企業統計に関しては、各省庁、民間調査機関の発表データにかなりばらつきが見られ、どのような母数と基準によって統計を取ったかによって結果が異なってくる。

全国の会社総数は、三〇〇万社程度であると言われているが、総務省データではその半数を母数としており、帝国データバンクの母数は明記されていないがおそらく総務省データと同じ基準であろう。倒産も負債総額一〇〇〇万円以上という枠を設けている。それでも上記のデータから、企業倒産が増加の一途を辿っており、短期的な回復の見込みが難しいということの判断の基準にはなる。わたしの実感としては二〇〇八年以降の倒産件数はもっとずっと多い。その理由は、これらのデータが捕捉していない超零細企業群、個人事業の破産が増大しているからである。

零細企業、個人事業の倒産・破産は、経営者の放漫や無理な設備投資の失敗といった理由によるよりは、ほとんどが受注の低下、市場の変化による売り上げの減少、資金繰りの失敗、手形不渡りといった外部環境の影響によるところが大きい。

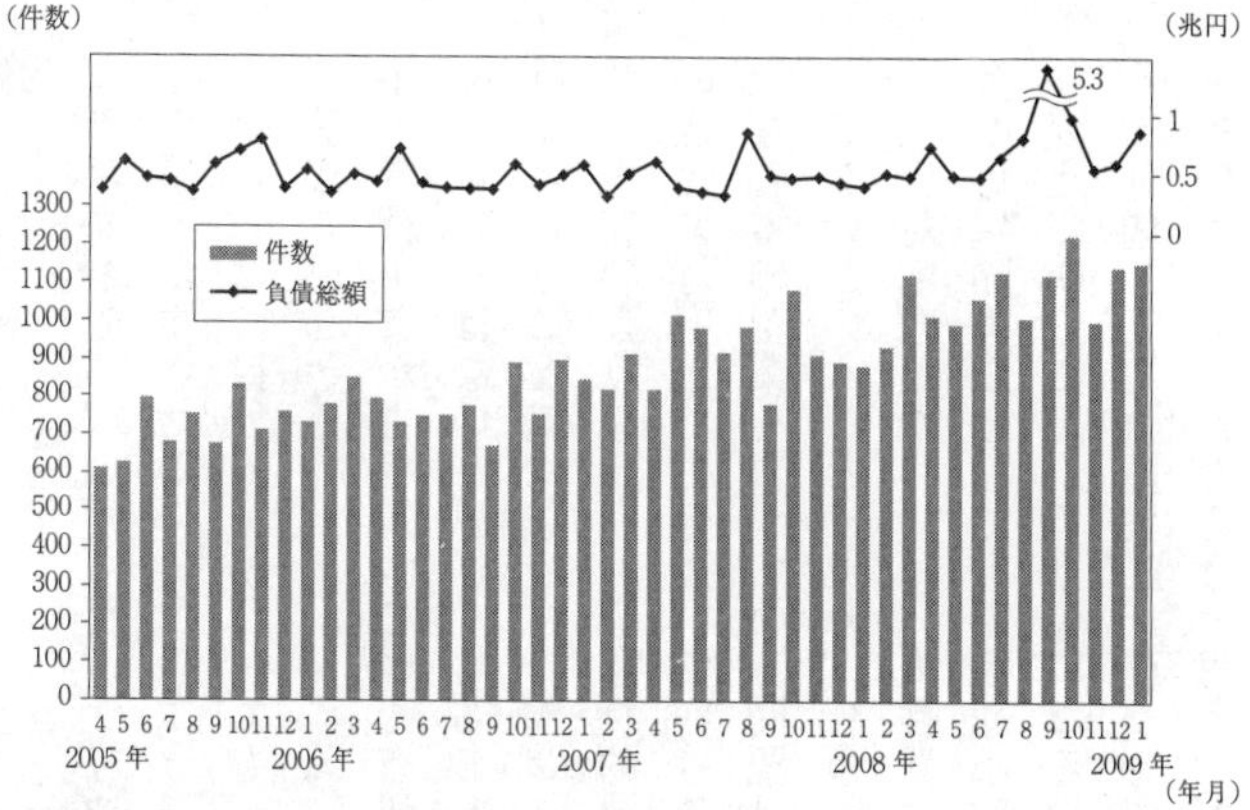

■図表5　倒産件数と負債総額の推移[26]
出典：帝国データバンク統計

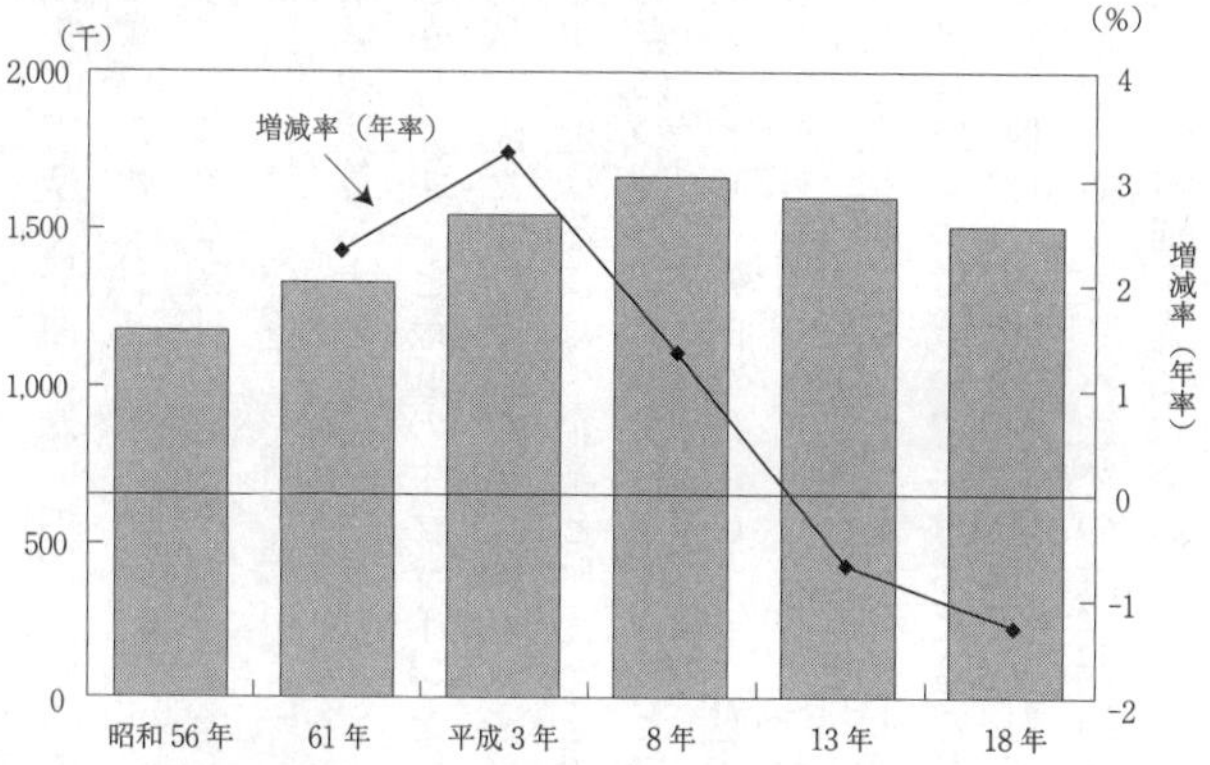

■図表6　企業数の推移[27]
出典：総務省統計局データ。こちらは2006年までの推移であるが全体としては長期的な減少傾向にあることは類推できる。

これから先、人口がドラスティックに減少してゆく局面において、これらの零細、個人事業が生き残るにはどのようにしたらよいのか。

わたしは、自分の実感としても、これまでの様々な業種の零細企業を経営してきた経験からいっても、あるいはわたしの友人の社長さんたちの話を聴いていても、中小・零細企業が生き残っていく方法は、最低の採算ベースまでダウンサイジングしてゆく以外にはないと思う。もちろん、これから先ずっと最低の生存ラインを保守し続けるということではない。チャンスがあれば、ふたたび業容を拡大すればよい。しかし、現在のような長期的な移行的混乱期を生き延びるには、企業といえども外部環境の変化に対応して生き抜いてゆける耐性を身につける必要があるということである。現在の零細企業を覆っている問題は、端的に言って、外的な理由によって仕事が回ってこないということであり、仕事量にばらつきがあるということである。こういった事態に対応するためには、人件費コストを最小限に抑えるとともに、不可抗力的な資金不足に陥ったとしても手銭や小口の借り入れによって凌いでいけるような体制に作り変えてゆくことが不可欠になる。そして同業他社との関係を競争相手としてではなく、仲間として再構築し、仕事や資金の融通が可能なところまでの生産共同体的紐帯を築いていくことだろうと思う。万国の独立自営零細企業よ、団結せよ！　ということだ。それでもだめなら、傷口が致命的なものになる前に会社を清算するということも考慮すべきである。これまで、中小・零細企業といえども、右肩上がりの経済の中で業容の拡大を追い続けてきた。事業の一部撤退や、ダウンサイジングは言うは易いが、ほとんど経験してこなかったことである。これまでの思考の型を変えるのは誰にとっても容易なことではないが、すくなくとも業容の拡大という目標を外すだけでも、経営は随分違ったものになる。それは単に萎縮するということではない。業容の拡大に仕向けていた資金、人材、技術資産、顧客資産というものを、別なものに差し向けるということに他ならない。つまり規模の拡大から、存在価値の増大へ経営指針の転換を図るということである。

自殺の増加

日本はいつのまにか自殺大国になってしまった。毎年三万人が自ら命を絶っている。おそらくはその何十倍、何百倍のひとびとが自殺を考えたことがあるに違いない。

ＷＨＯの統計によると、二〇〇九年現在で日本の自殺率は世界第六位で、日本より自殺率が高い国はベラルーシ、リトアニア、ロシア、カザフスタン、ハンガリーだけである。旧ソ連邦の国々や東欧諸国の中に、西欧先進国の日本が、そして少し下位に韓国が入っているわけだが、自殺の理由は、体制が変わり生活が激変した旧ソ連の国々と、消費資本主義の爛熟期にある日本とではまったく異なっているだろうことは容易に想像がつく。

しかし、何故日本がこれほど自殺率が高いのかについては、諸説入り混じってにわかには断定することができない。

そもそも、ひとが自ら死を選び取る理由について、ある時代固有の、何かひとつの断定的な理由などありはしないだろう。ひとりの人間の自殺について考えるということは、かれのそれまでの全生涯をつぶさに検証する必要がある。かれが死の直前に何を考え、何を感じ、何を知り、何を知らなかったかといった、かれの内面にまで深く遡行しなければわからないことはいくらでもある。いや、かれの内面にまで降りていったとしても、ひとりの人間の心理の深層についてはほとんど何もわからないというべきだろう。

そのことを前提としたうえで、この時代の自殺の増加を考える。

ここで取り扱うのは数量的な死であり、統計的な死でしかない。

それでも、日本の現在にこれほど多くの自殺があるということについては、その死への誘惑を後押しし、その死に加担する何かがあるはずである。その何かについて考えたいが、くどいようだが、その何かは、死の原因でもないし、死の理由のすべてではないことは言っておかなくてはならない。

ひとの死は、とりわけ自ら選び取った死は、数値に還元できるような集団的な出来事ではなく、あくまでもひとりひとりの個人に属する問題であり、生に尊厳があるようにその死にも尊厳が与えられてしかるべきだ。そのことをふまえないで、この世代が持っている時代意識を抽出しても何も判りはしない。

これまで本書をお読みいただいた読者には、想像がつくだろうが、わたしは日本における統計としての自殺の増加もまた、移行期的混乱のひとつのあらわれであると見ている。自殺にいたる個々の動機はまったく異なっていても、マクロ的に観察される移行期的な混乱という意味では、旧ソ連の国々と日本は同じなのである。

図表7は、たびたび参照させていただいている「社会実情データ図録」の年齢別自殺者数の推移である。

この図を見ていると、やや不思議の感にうたれる。わたしは、なんとなく自殺の高齢化ということを考えていたのだが、二〇〇〇年以降に実際に起きていることは三〇歳代の自殺の有意な増加であり、五〇歳代の自殺の減少である。この現象をどのように理解したらよいのだろうか。そして、二〇〇〇年以降に何が進行していたのだろうか。

この図を公開しているウェブサイトの制作者は、同じページに興味深い記事を載せている。それは、英エコノミスト誌に掲載された日本の自殺に関する評論である。

経済的な要因についてもふれているが、記事の主眼は日本人の文化的な要因、あるいは社会的特性であり、上記の見方と共通している。「日本社会は失敗や破産の恥をさらすことから立ち直ることをめったに許容しない。自殺は運命に直面して逃げない行為として承認されることさえある。サムライは自殺を気高いものと見なす（たとえ、それが捕虜となってとんでもない扱いを受けないための利己心からだとはいえ）。仏教や神道といった日本の中心宗教は明確に自殺を禁じていたアブラハム系信仰と異なって、自殺に対して中立的である。」日本政府は9年間に自殺率20％減を目標にカウンセリングなどの自殺対策に昨年乗り出したが、重要なのは社会の態度であると結論づけている。「一生の恥と思わせずにセカンドチャンスを許すよう社会が変われば、自殺は普通のことではなくなるであろ

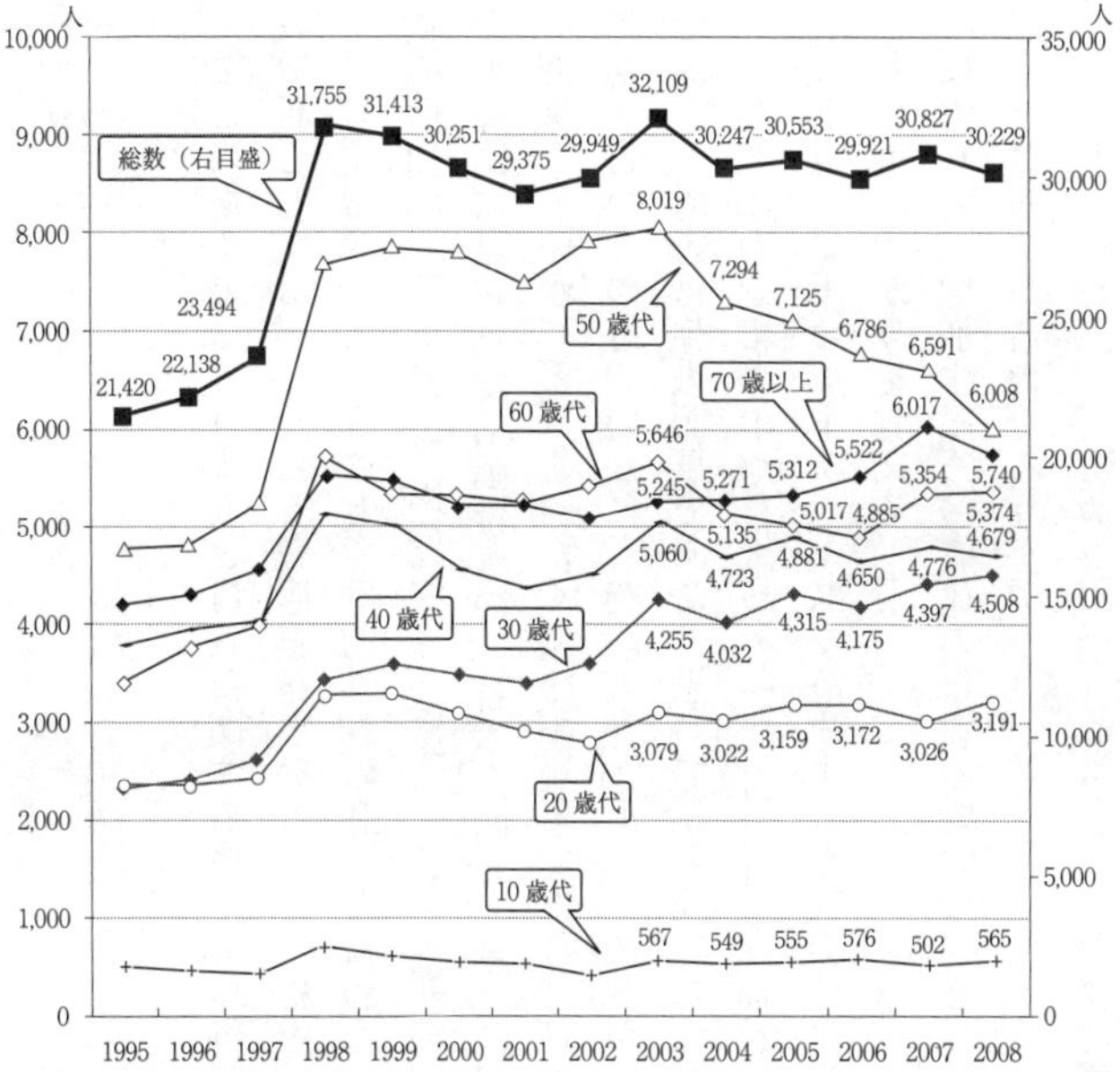

（注）年齢不詳があるため年齢別の合計が必ずしも総数に一致しない。08年確報。
（資料）人口動態統計

■図表７　年齢別自殺者数の年次推移[28]
出典：「社会実情データ図録」

う」[29]

ここにあるのは、日本人と自殺に関する典型的な俗説である。一般的な日本人の心理分析としては、まったく荒唐無稽というわけではないが、現状の日本の自殺率の高さに対する評論ということでは的外れの評言と言わなくてはならない。三〇歳代の自殺の増加は、「生きて虜囚の辱を受けず、死して罪過の汚名を残すこと勿れ」といった戦陣訓に見られた括弧付きの「日本人的サムライ精神」（実際にはサムライとは何の関係も無いが）とはまったく無縁の現象であり、日本の宗教が自殺に対して中立的であるというのも、いかにも英国人ジャーナリストが言いそうな浅薄な日本人死生観であり、所詮は与太記事であると思って読み飛ばしてもよい。

ただ、この記事の中で日本政府が、自殺対策に乗り出しており、「失敗を一生の恥と思わせずにセカンドチャンスを許すような社会にすることが必要だ」と言っていることに引っかかりを覚える。

はたして、増加する三〇歳代の自殺の要因は、セカンドチャンスを許さない社会というところにあるのだろうか。

わたしにはむしろ、セカンドチャンスという言葉で説明されるような人間理解こそがかれらの死に加担しているように思えるのである。

仮に現在三六歳の人間が、どのような時代に生まれ、どのような青年期を潜り抜け、現在どのような境遇におかれているのかを、時代環境から振り返ってみよう。

二〇一〇年に三六歳ということは、かれらが生まれたのは一九七四年である。

第一章の四五ページに掲載した図表1「経済成長率の推移」を思い出していただきたい。この年は、日本が戦後最初にマイナス成長を記録した「記念碑的」な年であり、戦後続いてきた高度経済成長が完全に終わった年である。この年の前年には第四次中東戦争が勃発し、いわゆる第一次オイルショックが日本を襲った。田中角栄内閣の「日本列島改造計画」は、土地バブルをもたらしたが、これがオイルショックと重なって狂乱的な物価高となり、それまで続いてきた成長率一〇パーセント前後の高度経済成長に終止符が打たれたのである。かれらは、本書で述べてきた相対安定期の中で成長した。

この時代は戦後日本の黄金時代と言ってもよいほど経済的にも精神的にも安定した時代であった。ジャパン・アズ・ナンバーワンとその経済力がもてはやされ、若者の街、原宿では竹の子族が輪になって踊り、日本技術を象徴するウォークマンが世界を席巻した。テレビが娯楽の中核的存在になり、学園ドラマやホームドラマがその全盛期を迎えていた。職場でも家庭でも女性の地位が向上し、休日の繁華街には余暇の時間を楽しむ人々が溢れた。民主主義の発展史から見れば、古い人間関係のしがらみや因習から解放され、自由が拡大してゆく時代であったといえるかもしれない。

かれらはいい時代を生きてきたのだ。

しかし、かれらが人生の最も多感な一七歳、一八歳にさしかかったときに、相対安定期が突然というかたちで終焉する。一九九一年。

かれらのセブンティーン(大江健三郎)は、かれらが生まれた時代と同じように、日本が戦後二度目のバブル崩壊という「記念碑的」な年にあたっている。

この年は、日本だけでなく世界が激動した年であった。この年の一二月に長きにわたって冷戦体制を演じてきた一方の主役であるソビエト連邦が崩壊し、以後アメリカの単独覇権の時代が始まるのである。日本の経済成長は、この年の牛肉・オレンジの輸入自由化というグローバリズムの波、証券会社の不祥事や土地バブルの崩壊などによって、それまでの経済成長率三パーセント前後という堅調な経済が終わってしまうのである。

以後、かれらは成人、就職、結婚、出産という大人への成長のプロセスを、就職氷河期、内定の取り消し、失われた十年、ダイオキシン公害といったあまりうれしくない時代のなかでおくることになる。

そして、一般的にはもっともエネルギッシュで、脂の乗り切った人生の絶頂である三五歳を迎えたときにリーマン・ショックが起こり、日本はついにゼロ成長の時代に入ってしまう。

かれらの人生の節目には、まさに三段階に凋落する日本経済の節目が待ち受けており、かれらの成長は、日本経済の衰退プロセスとみごとな負の相関関係を描いている。

自分は成長するが、時代はだんだん悪くなっているとかれらが感じたとしても、やむをえないことだろう。かれらの世代が、自分たちはワリを食ったと感じたとしても一概に否定することができないのは、自分じしんの成長と時代の凋落のこの乖離による。

だが、わたしはかれらの世代が不運だったとはいえないだろうと思う。

同じ時代を、先行世代も後続世代も生きてきているのである。

もし、かれらに不運があるとすれば、それはかれらの成長の過程で、日本経済が鈍化したというところにあるのではないとわたしは思う。かれらに身体的成長と時代の衰退の間で引き裂かれるような不安がなかったとはいえない。そしてかれらの不運は、この日本経済鈍化のプロセスのなかで、金銭一元的な価値観が日本全体を覆い、成功とは金銭的成功であるかのように喧伝する風潮が瀰漫したというところにある。

つまり、かれらはノーチャンスのような経済的凋落の時代に、機会は平等に与えられている、失敗しても再チャレンジの機会が与えられると耳元でささやかれ続けてきたのである。

わたしの世代（一九五〇年生まれ）であれば、経済の不調による生活のダウンサイジングに対して、子供のころはもっとずっと倹しかったのだからと言うことができる。そして、貧しさと引き替えに緊密な互助的人間関係や、明日に対する希望というものが日々の暮らしにどこか向日的な空気を吹き込んでくれた記憶を共有している。

しかし、高度経済成長が終焉した七〇年代に生まれた三〇代にとっては、子供の頃が一番希望に満ちて豊かな生活であったと回想することになる。そして、経済の伸びしろが少なくなる一方の未来と引き替えに得られるものが、互助的な人間関係ではなく、平等なチャンスを前提とした競争関係であるとすれば、人間はどのような精神状態に陥ることになるのだろうか。向日的な空気は消えて、追い立てられるような殺伐とした風景が続いているように思えたとしても仕方がない。

わたしは、この差は案外大きいと思う。

かれらにとって、身の回りの現実と、時代が語りかけてくるアナウンスメントが同じだった時代が過ぎ去って、時代のアナウンスメントと身の回りの現実が乖離する時代になった。

時代は悪くなる一方なのに、目の前には誰にでも平等なチャンスが広がっている。それを摑み取れないのは誰のせいでもなく自己責任をまっとうできないお前が悪いのだと言われているような気持ちになる。

ひとは、貧しさだけで死を選ぶことはないし、恥辱だけで死を選ぶこともない。餓死、戦争死、事故死といった不可抗力の死が絶対的な生の断絶だとするなら、自殺はいつも相対的な関係性の中での出来事なのだ。過去の自分と現在の自分、他者と自己、現在と未来という相対的な関係のなかで、じぶんのポジションが絶望的に思えるとき、死はその絶望的な相対関係を断ち切る最後の解決策のように逼《せま》ってくる。

どのような過酷な状況に置かれたとしても、他者が自分を必要としており、自分の存在にはその理由があると思えれば、死という選択は遠いものになるはずである。

逆に、誰も自分を必要としておらず、むしろ自分は邪魔者であり、卑小な敵であるというような絶望的な関係性を修復するためには、ただ自分が目の前のチャンスを摑む以外には方法がないとすればどうしたらよいのか。チャンスを摑むエネルギーはもはや残っていないのだ。ひとは、貧しさだけでは死を選ばない。貧しさを分かち合うものがどこにもいなくなったとき、同じような境遇のひとびとの多くが選んだであろう死を分かち合うことが、最後に残された解決のように見えたとしても不思議ではない。

予想を超えてすすむ高齢化

誰もがその問題について漠然とは気づいていながら、誰もその問題に手がつけられないということがある。現象は確かに見えているのだが、その現象に至った筋道については手がかりさえ摑めないといった場合だ。

日本における人口減少と長寿化、つまり少子高齢化については誰もが知っている。しかし、なぜそのようなことが起こり、それによって今後何が起こり、その出来事にどう対処しなければならないかということに関しては、専門家以外には深くは考えてこなかった。考えたってしようがない、なるようにしかならない、というのもひとつのソリューションである。わたしは、よくわからない問題に関しては、なるようにしかならないというように構えることに賛成である。人口減少そのものに関して言えば、なるようにしかならないとわたしは思っている。ただ、このことが巻き起こす様々な混乱に関しては、あまり楽観はできないだろうと考えている。

実際のところ誰も楽観はしていないかもしれないが、巷間語られる解決策はあまりに能天気であり、筋が違うと思わざるを得ないのである。

例えば、少子化をどのようにして食い止めるかという議論には、政府も専門家も熱心であり、子育て支援策や、給付金などの対策も講じられている。しかし、これまで述べてきたように、少子化の根本的な原因は、子育てに対する不安や、将来の生活に対する不安といったものではない。そんな単純な理由で人口減少が起きているわけではない。戦時中や戦後のベビーブームのときの日本や、アフリカの人口爆発などを見れば、人口の増加もまた単に産み育てやすい環境とは別のファクターが複合したものであることがすぐに了解できる。わたしには、人口減少局面とは、民主化の進展によって女性の地位が向上し、家族形態が変化し、関係が分断され（むしろすすんで孤立化し）、個人中心の生き方ができるところまで文明が進んだこととの複合的な結果であり、自然としての人間と文明化した人間が作り出す社会形態のアンバランスを調整しようとする、歴史的な文脈の中で起きてきた出来事だと考えた方が自然なことのように思える。

短期的な対策は、一時的には功を奏するだろうが長期的に見ればその効果はほとんど現れないだろうと思う。

逆説に聞こえるかもしれないが、むしろ人口が減り続けることだけが、人口減少を食い止めることができるのだとわたしは考えているのである。つまり、現在の人口減少は、増えすぎた人口と、近代化の頂点に至った社会との間で起こっている、人口調節なのだということである。いや、調節されるべきは、人口ではなくて社会の方だといわれるかもしれない。

確かにそのとおりである。どれほど人口が増えようが、社会がそれらを受け入れていけるだけの許容量（キャリングキャパシティ）を有していれば、対策など講じなくとも人口は増加してゆくだろう。しかし、民主化の進展は核家族を必然化し、少子化の方向へ向かって現在もその歩みを止めない。「貧乏人の子だくさん」という言葉があるが、社会を構成する家族の構成員ひとりひとりが文化的で余裕のある、自己実現可能な生活スタイルを求める限り、人口増加を受け入れる許容量にはおのずと限界がある。

わたしは、人口が減少することそれ自体は、問題なのではなく問題の解決なのだと考えている。ただ、人口調節が完了し一定のところで落ち着くまでの数十年間の間に起こる移行期的な混乱に対して、十分な配慮と長期的な視野に立った対策が必要だと申し上げているのである。場合によっては、その対策は民主化、市場化、近代化からの一時的撤退というかたちをとるかもしれない。

二〇一〇年三月一八日の読売新聞に、「介護保険10年」という秀逸なコラムが掲載されている。

北区の都営桐ヶ丘団地。昼下がりの公園に子供連れの姿は少なく、寄り添うように高齢者がベンチに座る。約7000人の住民の5割が65歳以上という、「都会の限界集落」だ。

団地内の地域包括支援センターには、高齢住民の相談が年1万件舞い込む。「ベッドの間に挟まって動けない」「認知症の住民がドアをたたいて困る」——。

（中略）

予想を超える高齢化や家族形態の変化に、介護保険は、独居や老々世帯の増加など、新たな事態に対応できるサービスが求められている。24時間巡回型の訪問介護の拡充や医療との連携強化などが必要だ。

しかし、負担は限界に近い。池田省三・龍谷大学教授の試算では、全国平均で月4160円の介護保険料は、現行制度のままでも2025年には7400〜1

万5000円に跳ね上がる。[30]

同コラムでは、二〇年後に要介護になりやすい七五歳以上の高齢者が人口の二割になり、制度改革と同時に、地域の力と、介護を軸にした街づくりの必要を説いている。その通りだと思う。その通りだが現実的にそれができるかどうかは別問題でもある。

この問題を現在もっとも切実に感じているのは、八〇代、九〇代の親の介護をしている世代だろう。私事になるが、わたしの場合も、二〇〇九年に八二歳の母親を癌で亡くし、現在八五歳の父親の介護をしながら生活しており、最近その父親が倒れて病院での療養をしている。わたしは、自分が実際に介護の体験をするまで、現在の病院がこれほど多くの老人で溢れていることを知らなかった。街を歩いていて、杖をついたり車椅子で移動する老人が急速に増えていることも実感していなかった。もちろん知識としては知っていたのだが、待ち行列をつくる老人たちやその家族がどれほどの困難に遭遇しているのかについての想像力を持てなかったのだ。

実際にわたしの母親が最初に大腿骨骨折で入院した病院は数十床の小さな病院だったが、すでに「後期高齢者」で満杯であった。その中の多くは、退院しても介護が必要であることは誰の目にも明らかであった。私設の介護施設に入るには巨額の資金が必要であり、公営の施設は待ち行列ができている。しかし、介護を必要とする老人の数は、これから先の数十年の間でさらにドラスティックに増加してゆくのである。二〇〇八年の総務省統計によれば、八五歳年齢の人口はおよそ五六万人であり、かれらの子供の世代である六〇歳人口は実にその四倍の二二〇万人である。

そして、この今の四倍の二二〇万人を支えることになる六〇歳年齢の子供たちの世代、つまり三五歳年齢の人口は、およそ二〇〇万人（「自殺の増加」の節で述べたように、この年代の自殺者が急増していることは単なる偶然だろうか）。

これらの数字には見過ごすことのできないものがある。

これから二五年後には、「後期高齢者」が爆発的に増加し、病院だけではなく、家庭の中にも、街路にも老齢者があふれ出してくるのである。

そのとき、日本の現行の医療制度、介護体制、保険制度はこの爆発的増加を吸収できるだろうか。わたしは、現状の社会システムのままで、この老齢化圧力に対応するのは困難であると思う。この分野における移行期的混乱はまず、医療、介護、保険というシステムの混乱あるいは崩壊というかたちで顕在化してくるに違いない。

それを新しい分野のビジネスマーケットととらえて、民間企業の大量参入によってまかなうという考え方もあり、わたしは現象としてはそのようなことが起こってくることに対しては異論はないが、そのことがまた新たな混乱を引き起こすだろうということも付け加えておくべきだと思う。医療や介護といった分野が、民間企業の競争原理のなかで議論され、市場原理でビジネス化されていけば新たな医療格差、介護格差を生み出すことになるからである。現在アメリカのオバマ政権による国民皆保険構想の難航は、この問題の難しさを如実にあらわしている。

また、日本と同じように急激な老齢化が進み、同時に市場化が進む中国において、医療や介護ビジネスが一部富裕層だけのためになっており、格差の拡大が止まらないという事態は、日本がこれから先直面しなければならない現実でもある。

医療や介護がビジネスになるということ。あるいは宗教や教育がビジネスになること。

それが、どのような意味をもち、結果としてどのようなことが起きてくるのかについて、そしてその対策について、いまのところ国民的な合意というものはどこにも存在しない。

日本においては、医療や教育は聖職であるという考え方がひとびとの間に流布していた。それゆえに、医療や教育は利益重視のビジネスとは馴染まないと思われてきたが、ここに来て急速にビジネス化が進展してきている。

当然のことだが、そこに需要の大きな変動があるからであり（医療においては患者の増大、教育においては需要の減少）、その変動に対応するかたちで、従来の病院経営や大学経営といったものが見直されているのだ。問題は、その見直しが主として市場原理のなかでの競争有利の戦略によって行われているということである。

実はこのことこそ移行期的混乱を最も鮮やかに映し出す現象であるとわたしは考えている。

移行期的混乱とは、時代を動かしている原理そのものが揺らぐということだからである。

そのことを説明するために、すこし立ち止まって原理的な考察をしてみたいと思う。

交換から贈与へ

わたしの最初の著作（『反戦略的ビジネスのすすめ』）で繰り返し述べてきたことだが、ビジネスの基本要件は、売り手と買い手と商品である。

商品が貨幣と等価交換されるところが市場である。

しかし商品が貨幣と交換されるだけでは、ビジネスは起動しない。

一回限りの交換が終われば、売り手と買い手との関係は完結してしまう。ビジネスがビジネスであるためには、交換が繰り返し行われることが必要なのだ。

実際にビジネスの現場で働いているものには、このことは容易に了解されるだろうと思う。買い手から繰り返し注文が来なければ、売り手は次から次へと新たな買い手を探し出さなければならなくなる。豆腐屋が同じ豆腐を毎日作り続け、売り続けることができるのは、それを繰り返し買ってくれる買い手がいるからである。

この交換の繰り返しを担保するものは、買い手の売り手に対する信用、信頼である。つまり、市場では単に、商品と貨幣だけが交換されているのではなく、売り手の技術や、誠意というものと、買い手の信用、信頼というものも一緒に交換されているのだ。

これをわたしは、ビジネスの二重の交換と呼んだのである。

市場とは商品交換の場であるとともに、信用創造の場でもあるのだ。

上記の理路を踏まえたうえで、いま一度医療ビジネス、介護ビジネス、教育ビジネス、宗教ビジネスは、ビジネスの要件を満たしているのかと考えてみよう。

これらのビジネスにおいて商品とは何なのだろう。たとえば、医療ビジネスにおける商品とは何か。

そんなことは医療サービスに決まっているじゃないかと考えられるかもしれない。確かに、患者は医療サービスという商品に対して対価を支払う。売り手（医療機関）と買い手（患者）と、商品（医療サービス）というビジネスの要件は揃っている。

それでも、わたし（たち）は、医療がビジネスであることに関して言うに言われぬ違和感をもつ。

その大きな理由は、商品交換におけるもうひとつの隠された要件を、これらのビジネスが満たしているとはいえないからである。

その、もうひとつの隠された要件とは何か。

それは商品交換においては売り手と買い手は、互いに身分や、職業や、親族関係といったものから自由な、対称的な関係になければならないということである。その意味で、売り手はいつでも買い手と交換可能であり、実際に売り手は別の取引では買い手でもあるわけである。もし、ビジネスの基本要件が、身分や、職業や、親族関係といったことに左右されるとすれば、そこで行われる等価交換の透明性ははじめから著しく歪められたものにならざるを得ない。売り手は、買い手が恩師であれ、息子であれ、他の客と同じようにふるまい、同じ価格で商品を販売しなければならない。そうでなければ、ビジネスを継続させる透明性は担保されないのだ。かつて、ホリエモンが「金で買えないものはない」と言った意味は、好意的に解釈すれば、このビジネスの透明性についての信頼であり、そこに売り手の公正と、買い手の選択の自由を保障するものが、身分や血筋といったものに縛られることのない貨幣というものだということであったと思う。

医療ビジネスにおいて、医療サービスを提供するものと、それを享受するものとの関係は、そもそものはじめから対等な関係ではないと言わざるを得まい。教育で教えを授けるものと、学ぶものとの関係も同じである。一方は強者であり、もう一方は最初から弱者であることこそが、医療や教育が成立する要件ですらあるといってもよいだろう。

患者は、一旦入院してしまえば原則として医師のサービスを選ぶことはできない。医師が行う医療行為に対して、患者はそのすべてを熟知しているわけではない。極端なことを言えば生殺与奪の権利は医師の側だけが握っているともいえるのだ。

このような非対称的な関係のなかでは、等価交換による商品交換はその本来の透明性を確保していくことが難しくなる。医師が患者を介抱するのは、患者から得られる等価的な金銭を基準にするというのであれば、医療の現場は随分荒廃したものにならざるを得ないだろう。医師の倫理ということもまたほとんどその意味を失う。

等価交換による商品取引の中に必要な倫理とは、値札に価するだけの商品を買い手に届けるという誠実さと、商品が持っている情報が正しいものであるという正直さだけである。しかし、医療の現場における誠実さとは、もし患者を救うことができるならば、医師はその対価と関わりなく全力を尽くすという一点にかかっている。実際に現在の多くの医療の現場においては日々それが実行されていると信じたい。その場合、医療行為は等価交換というよりは、ほとんど情報や技術の贈与に近いものになる。患者はその贈与に対する返礼として金品を返すということになる。この場合医師の治療行為に対して、医師が受け取る直接の返礼は病の治癒という結果の方であり、返礼される金品は病の治癒に注がれた贈与への返礼という意味が濃厚である。そして、この贈与の精神が生かされているからこそ、人は安心して医師に身をあずけることができる。

贈与の最も純粋な形式は、親の子供に対する愛情であるだろう。親は子供から返礼を期待して子供に愛情を注ぐわけではない。親が子供に注ぐ愛情には理由がない。いや、ほんとうは深い文化人類学上の、生物生態学上の、哲学上の、歴史学上の理由があるに違いない。ただ、経済学や、商品交換で説明できるような理由だけがないのである。

医療の理想は、親が自分の子供を看病するように医師が患者を看病してくれることである。介護の理想も、教育の理想も同じだ。持てるものと持たざるものという非対称的な関係性が、親と子供という関係と近似しているがゆえに、親の子供に対する愛情の贈与がひとつの理想のモデルとなりうるのである。

人口減少が一段落するまで日本が遭遇する、移行期的な混乱について述べてきた。これらの混乱は、次の時代に対する警告でもある。もし、いまのまま無理やり経済成長を追い求め、市場原理のなかでの合理性のみを追求してゆこうとするなら、混乱は一層その混迷の度合いを深めることになるだろう。わたしは、所得再分配のシステムを構築せよとは申し上げない。現在のところまで進んできた民主主義、市場経済、フリートレード、人権の拡大というものはこれから先も止むことはないだろうし、それらを無理やり別のシステムに置き換えることも実際上は難しいだろうと思う。ただ、そういった社会の経済的進歩と、経済合理性の及ばない人間的諸活動を分別する知を早急に立ち上げる必要があると申し上げているのである。家族や、共同体、地域社会とその中での、医療、介護、教育、宗教といったことを等価交換の価値観で計量することに、どれほど慎重になるべきかを学ぶべきであり、それらを学ぶ適切な言葉遣いを立ち上げることが今要請されていることだろうと思う。そのことによって、移行期的な混乱が解決されるわけではない。解決はされないが、少なくとも移行期がおさまるまでの混乱を緩和させることはできるだろう。

終章　未来を語るときの方法について

文明の衝突か、文明の接近か

米ソ冷戦構造が終結した九〇年代後半、サミュエル・P・ハンチントンはイデオロギーによる緊張と対立が終わった後に、世界に現存する複数の文明間の緊張と対立が顕在化し、とりわけイスラム文明と中華文明は、衰退局面に入った西欧文明と激しく衝突すると書いた。あるものは、それをセプテンバー・イレブンや、アフガニスタンでの対テロ戦争を予言したものとして賞賛した。

わたしは、最初に『文明の衝突[31]』を読んだとき、文明の衝突という見立ては現在の世界を整理するひとつの方法を提示したものとして読めば興味深いものも含まれているが、現在の世界をただ文明史的差異性によってなぞってみたということであり、予言的な意味ではどんな指南力も持っていないと思った。同時に、たえず差異を意識し、それがなければ作り出すことでしかおのれのアイデンティティを確認することができないひとびと特有の指向性がみごとに発揮された奇書でもあると思ったのである。

一方、わたしが本書を書くきっかけともなったフランスの人口学者エマニュエル・トッドは、『文明の接近[32]』を書いて、世界を時間軸で眺めればあらゆる文明は、民主化（あるいは俗化）の進展によって接近し、社会的な差異は無化してゆく方向へ向かうだろうと書いた。

これら二つの著作は、意図したにせよそうでないにせよ、どちらも近未来の世界像をくっきりと描き出している。一方は、現在の文明の差異がやがては避けられない対立として国際政治の上での枢要な問題となると論じ、他方は現在の文明の差異はそれぞれの民主化のプロセスを経て限りなく接近し、問題は別のものへと移っていくというように。そして、どちらの本もわたしたちに遂行的な課題が何であるかについての示唆を与えている。

前者を称揚するひとびとは、自陣営（西欧世界）の利益が毀損されることのないように、問題への対処が手遅れにならないうちに、この文明の対立に備えておく必要があると考えるかもしれない。異なる文明世界に対して、軍事的、経済的優位を確立し、将来起こりうるリスクに備えておくべきだと。『文明の衝突』に対して、学術的な検証に耐えうるような緻密さに欠けると批判するものでも、遂行的な課題としては同様に考えるものが少なくないだろう。

後者の場合は、宗教や文化の違いの対立軸としての役割は限定的であり、まさに文明の歴史的伸展によって次第に地域間の差異は消滅する方向へ向かっており、文明の差異を強調することは現在進行しているほんとうの問題を隠蔽することであり、現実を歪曲しようとする政治的な意図に他ならない。隠蔽されているのは、自由主義、資本主義経済システムが歴史的賞味期限を迎えているということであり、問題はわたしたちはそれをどのようにしたら乗り越えていくことができるかということなのだと。

この両者の見解の違いは、いったい何処からくるのだろう。

わたしは、端的に言ってここにあるのは歴史的事実認識の差異というよりは思想的な立ち位置の違いであり、それだけだと言ってもよいと思う。

未来予測に関してならば、どちらが正しいのかは、さしあたり問題ではない。数年後に未来予測が的中したからどうだ、外れたからどうだなどというのは、ほとんど与太話の類だと思ったほうがよい。未来を言い当てることと、未来に向けて遂行的な努力を惜しまないということとはまったく別のことであり、重要なのはどのような努力がなされたのかということだけだ。

そのために必要なことは、現在をどのように理解するかということであり、その理解のために援用される過去の出来事の中から、何が偶然で突発的なものか、つまり気まぐれで表面的な現象か、何が歴史的必然の結果であるのかを読み分けることである。

言い換えるなら、歴史を駆動している、見えない必然の歯車を探り出すことができるかどうかということこそがわたしたちに要請されている知的課題であるといえるだろう。

もちろん、歴史に原因と結果が単線で結びついているような必然などは存在していない。それでも、現在が現在であるために何が強い指向性を持ったのか、何が単なる偏見や希望や思い込みの類でしかなかったのかということを分別することはできるだろう。

いや、その分別の仕方の中に、それをする人間の思想に対する立ち位置といったものが潜んでいるといってもよいと思う。立ち位置が異なれば、探り出し手繰り寄せる必然の歯車はまったく異なったものになる。

では、思想の立ち位置を決めるものは何か。

歴史への立ち位置

不思議なことだが、この立ち位置の決定にはそれ自体を説明する客観的な根拠というものがない。

根拠とは、たとえばこれまでの歴史の中から、異なる文明は絶対的に相容れない天敵のような関係であるという確かな証拠を取り出すということである。

しかし、そんな証拠はどこにもない。

イデオロギーの正当性を争った時代が終わって以後、異なる場所、異なる生活習慣、異なる宗教をもつひとびと（仮にこれを「異邦人」と呼ぼう）と相対したときに、かれらを自分たちの生活を脅かす仮想敵としてイメージするのか、あるいは将来の友人としてイメージするのかは、何か客観的な証拠から理論的に演繹されるものではなく、イメージする人間の個人的かつ内的な体験や資質に多く依存している。

異邦人が敵になるのか友人になるのかを決定付ける因子は、異邦人の血液のなかにも、思考の型のなかにも、宗教や文化のなかにも存在しているとは言えない。同じ人間同士だからみな兄弟だと言えないように、かれらが天敵であるとも言えないのだ。

異邦人は敵である場合もあったし、敵の敵である場合もあった。

もし、異邦人が敵であるという根拠として、明示的な差異だけを取り出して引き伸ばしていけば、それはよりつよいコントラストとなって破局的な関係にまで進んでいく蓋然性が高くなるが、明示的な差異の背後にある同一性に着目すれば差異は単なる見かけ上のものに過ぎなくなる。

将来について語るものは、誰もが自説は歴史の必然に裏打ちされたものだと思いたがる。過去の歴史はこうだったから将来も同じような帰趨を辿るに違いないはずだという。しかし、実際のところ、過去がこうだったから、将来も同じだということには、歴史は繰り返されるという箴言《しんげん》以上の意味はない。

箴言は当る場合もあれば、場違いで的外れの場合もある。

将来のことは、断定的に言うことなど誰にもできないのだ。

何しろまだそれは誰も見たことのない、始まってもいない物語のようなものだからだ。

もし、歴史について語るものが、自ら発見したと思う必然性の歯車といったものに指南力を与えたいのなら、かれは自ら発見した必然性の歯車といったものが、単なる希望や偏見ではないのかと、疑いの目を向けて検証しなければならない。必然性の歯車など存在しないか、あったとしてもかなり曖昧なものだと思うべきだろう。

未来について語るものの立ち位置は、その語り口に顕れる。

その意味でわたしは、エマニュエル・トッドという学者の語り口の中に含まれている公平さ、世界を切りさばく手つきに大いに関心を持ったのである。

トッドはどのような語り口を選択したのか。

世界を説明する方法

トッドは、その著作『帝国以後』において、世界がイデオロギーや、経済指標で説明可能であると考えていたひとびとに、「そうではない」やり方というものを示した。それは、アメリカが新自由主義こそが最終的な経済システムであり、もはや景気循環は存在しないと豪語しているときに、誰も考えなかったツールを使って、アメリカニズムが終焉するだろうという「見立て」をするものであったからである。そのツールとは、本書の中で何度も述べてきたように、各国の識字化の進展と、人口動態の間の強い相関関係である。つまり人口動態は民主主義の進展と深いつながりがあるという仮説である。そして、この仮説をもとに「世界が民主主義を発見し、政治的にはアメリカなしでやって行くすべを学びつつあるまさにその時、アメリカの方は、その民主主義的性格を失おうとしており、己が経済的に世界なしでやって行けないことを発見しつつある」という結論を導き出す。前作である『帝国以後』から四年半の時を経て、図らずもわたしたちは、自分たちを取り巻く環境がまさにトッドが見立てたように進行していることを知ることになる。しかし、トッドは自分の仮説が歴史を説明する必要条件ではあっても、十分条件ではないと考えていたのだ。つまり、人口動態は世界を説明するツールになりうるが、それはいくつかあるツールのうちの一つに過ぎないと。

『文明の接近』においても、トッドは、同じツール（人口動態）を使う。問題の立て方はきわめて単純なものである。それは、イスラムは世界と和解することができるのか。言い換えるなら、文明の衝突は避け得ないという説には妥当性があるのかということである。そして、前作同様、問いは簡単だが、答えはほとんど不可能な未来予測に属している。

歴史がこの先どのような帰趨を辿るのかを説明するための単一の指標というものは存在していない。トッドの慧眼は、何を指標にしたらよいのかということについては、さしあたりいくつかの曖昧な変数を見出すことは可能であるが、何を変数としてはいけないかということだけは、明確にすることができるということを発見したところにある。

そして曖昧な変数によって導かれた「イスラムは民主化しない」「イスラムは、一体であり、世界と和解できない」という未来予測が、近視眼的な独断であることを証明しようとする。

はたして、イスラム教（あるいはイスラム文化）は、歴史の進展を左右する決定指標になりうるのか。

トッドが証明したいのは、世界中のイスラム文化圏における民主主義の進展に対して、識字率や人口動態は強い相関関係を有しているが、宗教や文化習慣との間には有意な相関関係は認められないということである。

しかし、ある事象が民主主義の進展に関係があるということの事例を見出すのは可能であるが、関係がないということを証明するのは、大変に難しい。いわば、不在証明をしなくてはならないからである。

トッドの着想の卓越したところは、この困難を数学者が背理法を使うように、もしイスラムが民主主義の進展（のブレーキ）に関連しているとすれば、それは識字率や人口動態とも強い相関関係にあるはずであるという仮説が成立しなければならないという逆説的な問いを立てたことである。この問いを携えて、世界中のイスラム文化圏の統計数字を調べ上げるという旅に出ることになる。この途方もない統計数字の旅から導き出した結論は、この仮説は現実と相容れないということである。

つまりイスラムは、識字率や人口動態とは関わりなく世界中に分散しており、それゆえに、それぞれの国の民主化の進展と有意な相関はないということを示して見せたのである。

イスラムは、他の宗教と比して歴史発展を阻害する特殊性などは持っていないと。このことは、世界の未来を予見するためのいくつかある指標のうちの有力なひとつを打ち消したということである。これで、十全であるとはいえないかもしれないが、まことに説得力のある稀有な論証であるといわなければならないと思う。

わたしたちは、これから日本がどのようになっていくかについて、何を指標に考えたらよいのか。そして何を指標にしてはいけないのか。

この問いを前にして、わたしは、トッドの世界認識の方法、自説に対する公平さということについて、多くのことを学んだのである。

人口減少の意味

歴史を動かす指標を考えるとき、イデオロギーの対立、民族性、習慣、経済指数、意思決定システム、労働意識、グローバル化の進展など、さまざまなものが考えられるだろう。

人口動態、とりわけ日本における長期的かつドラスティックな人口減少は、日本の将来像を考える上で重要なターニングポイントだろう。

本書の中で、何度も繰り返して書いてきたのは、現在が歴史的な転換期であり、日本の歴史が始まって以来、このような長期的かつドラスティックな人口減少は経験したことがないということである。そして、それにもかかわらず、この問題は政策的にも、原理的にもまともに考えられてこなかったように思える。

「まともに」というのは、歴史始まって以来の問題を考えるための語法をだれも発見できないでいるということである。

その理由のひとつは、日本においては人口は有史以来増加し続ける以外のトレンドは存在していなかったという同義反復的のうちにある。有史以来の問題を考えるためには、有史以来の語法が必要なのだ。

歴史は曲折はあったとしても連続的であり、現在は将来へ繋がる過程であり、過程的現在はあらかじめ見込まれた次の過程的な現在、つまりは将来へと引き継がれていくと考えてきた。それは、過去から将来へと続く繰り返しであり、拡大再生産のプロセスであると考えられた。だから、現在のさまざまな問題点の解決の糸口はすべて過去の中にすでに含まれており、その成功も失敗もすでに経験済みのことであると考えてもよかった。

一九七〇年の人口は一億人を四〇〇〇万人ほど超えた程度であったが、二〇〇〇年の人口は一億三〇〇〇万人に近づいていた。七〇年の男子の平均寿命は六九歳を少し超えた程度であったが、二〇〇〇年には七七歳を超えるまでに寿命を延ばした。七〇年の海外旅行者数は一〇〇万人に満たなかったが、二〇〇〇年には二〇〇〇万人近くにまで増加した。七三兆円だった国民総生産は、五〇〇兆円以上にまで膨らんでいる。八兆円だった一般会計予算は、一〇倍にまで膨らんでいる。七万五〇〇〇円程度だった月給は、四〇万円にまで増加している。二二パーセントほどであった自家用車の普及率は、八〇パーセントを超えた。九万五〇〇〇件だった離婚数は、二〇万件を超える数になっている。

これらすべてのことが、半世紀にも満たない期間の中で起きたのだ。これらのことが示しているのは経済が急速に拡大し、人口が増加し、ひとびとの暮らしの利便性が向上し、文明がその爛熟期へ向けて発展し続けているということである。

もちろん、この時間の幅の中ですべての数値が一本調子で伸びてきたわけではない。景気を見れば循環的な波があったし、短期的な乱高下は常にあり、経済成長率がマイナスになったこともある。それでも三〇年、四〇年の時間スパンで時代を眺めてみれば文明が急速に拡大再生産されていく様子が見てとれる。

戦後の日本の歴史は、まさに文明の拡大再生産の歴史であり、日本人の思考法もまた拡大再生産の文脈の中で形成されてきた。

これから先も、このトレンドは続いてゆくのだろうか。

わたしたちの直感は、否というだろう。国家であれ人であれ永劫に成長し続けることはできない。人間であれば百年の時間的なスパンの中で、成長し、成人し、やがて老衰し人生を終える。国家の場合といえども、それを構成しているのは人間であり、それが活動しているのがこの惑星の上である以上、栄枯盛衰の宿命の外部にあるわけではない。もちろん、国家の歴史は人間の歴史と同じではない。ローマ帝国のように、千年以上の歴史を持つ国家もあれば、数十年で消えていった国家もある。

そのことをもって、いかなる国家も必ず成長から老衰へのプロセスを辿るというのはすこしばかり乱暴な議論だが、いかに強大な国家といえども同じような成長プロセスを続けられはしないとはいってもよいのではないかと思う。すくなくとも、戦後の高度成長のモデルがこのまま続いていくと断定するには、わたしたちが依拠している経済成長の時間はあまりにも短すぎる。

二〇〇六年をピークに総人口が急激に減少し始めたこと、経済成長率が徐々にゼロベースに接近しつつあること、若年層の自殺が増え続けていること、企業不祥事の質が以前と変化してきていることなどが示しているのは、これまでのような右肩上がり、拡大再生産の歴史プロセスに変化が起きていると考える方が自然だろう。

これから日本に起きる様々な問題は、これまでの右肩上がりの時代に起きてきた問題とは、その現象は似ているとしても、異なる文脈の中での出来事だと考えた方がよい。文脈が異なっていれば、そこに生起する出来事の意味も当然異なったものになる。

ここでいう文脈とは、人間に喩えるなら成長期から成熟期を経て老成してゆくような不可避的な趨勢という意味である。

もし、文脈的な移行期の時代において、わたしたちに困難があるとすれば、参照すべき事例を過去の歴史の中に求めることができないということである。同じ歴史の文脈の中においてなら有意義であった、過去の成功や失敗の事例から学ぶという効果的な方法が、却って混乱を助長することになるかもしれない。

いや、その前にそのような移行期を生きているのだという認識の共有すらされていない。しかし、おそらくは今日の続きはまた明日というわけにはいかない。

移行期的混乱とは、まさにこれまでの時代の価値観や、方法論、問題への処方といったものの台座そのものが揺らぐことによって起こる歴史の転換過程であると考えてみる。

この未知の問題に対してどう考えればよいのかについて、わたしはほとんど答えることができない。ただ、こうすればよいという簡便な処方がどのような文脈から出てきたものなのかということを知ることだけはできる。

わたしたちに判っているのは、文脈的移行期においては、どう考えればよいのかという手近な回答には意味がなく、なぜわたしたちはこんなふうに考えるのかと考え、どう考えてはいけないかという原理的な問い返しをすること以外に、わたしたちの立ち位置を確認することができないということである。

人口減少の意味を、あれこれ詮索しても、これが確かな理由だと言うことはできないだろう。ただ、日本の人口は長期的な減少フェーズに入ったという事実があるだけだ。

人口減少局面がわたしたちに要請しているのは、その原因が何であるかを探すというようなスポット的な「傾向と対策」などではなく、人口増大局面の思考のすべてを問い直すということに他ならない。人口増大局面で役に立った過去の成功事例は、はたして人口減少局面でどのような意味を持つのか。

わたしには、成功体験はあまり役に立たないと思われる。

そして、過去の事例が役に立たないというまさに、そのことの意味を尋ねることが、新しい時代がどういったものであるのかを知る端緒になるのだとわたしは思う。

付録　「右肩下がり時代」の労働哲学

鷲田清一×平川克美

鷲田清一（わしだ・きよかず）
1949年、京都府生まれ。京都大学大学院文学研究科博士課程修了。現在、大阪大学名誉教授。専攻は臨床哲学。主な著書に『モードの迷宮』『新編 普通をだれも教えてくれない』（共にちくま学芸文庫）、『感覚の幽い風景』（紀伊國屋書店）、『「待つ」ということ』（角川選書）、『京都の平熱』（講談社）、『思考のエシックス』（ナカニシヤ出版）、『わかりやすいはわかりにくい？』（ちくま新書）などがある。

有史以来の危機

平川 今日は「右肩下がりじゃ働けない？」というお題をいただいたのですが、現象的な話ではなくて問題を掘り下げて原理的に考えてみたいと思って、「対話」のお相手に鷲田さんを指名させてもらったんですよ。

鷲田 ありがとうございます。会社勤めをしたことのない人間を選んでいただいて

（笑）。

平川　昨年九月のリーマン・ショック以降、「百年に一度」の経済危機という言われ方がされています。恐らく多くの人々の頭には一九二九年の大恐慌があったんだろうと思います。ただ、「百年に一度」にしては、実際に出てきた政策は極めて対処的なものでした。もちろん現実の世界では対処的にやらざるを得ないことがあることは承知していますが、今の危機を考える上での知的な土台を固めておくことが必要であるように思うんです。

僕は、「百年に一度」というのも違うんじゃないかと考えています。これは総務省が出している「総人口の長期的推移」というデータですが（二五五ページ図表1）、これを見ると鎌倉時代の人口は八〇〇万人ぐらいなんです。江戸時代はすごく安定していて、三〇〇〇万人くらいの人口が横這いで約二〇〇年続いた。完全に循環型の世界ですね。それが明治政府が誕生してから急激に人口が増え始めたわけです。そして今度は二〇〇六年をピークにして急激に人口が減る。

一億三〇〇〇万人まで増えた人口がドラスティックに減っていって、二〇五〇年には三割ぐらい激減します。このグラフを見ればわかりますが、歴史上、人口が減る局面ってないんですよ。もちろん丙午《ひのえうま》の年や飢饉や戦争なんかで若干減ったりしますが、長期的なスパンで見ると人口は一貫して増え続けていた。ですからこれは百年に一度の危機どころではない。

鷲田 千年に一度。

平川 というより有史以来ですね。初めて経験するような局面にわれわれは立っているわけです。

鷲田 なるほど。

平川 われわれがいま立っている土台が、歴史の中で見るとどういうポジションにあるのかを、もう一回深く考えてみたほうがいいんじゃないか。今、経済成長率がとても悪くてマイナスになるんじゃないかという状況です。またこれを経済対策によって二パーセントにするとか三パーセントにするとか言っていますが、そういう話は極めて短いスパンの話であって、もうちょっと長いスパンで考えると、これだけ人口が極端に減る中ではさらに右肩上がりでいくなんてことはあり得ない。

フランスの人口学者エマニュエル・トッドが言うように、民主化の進展と出生率とは負の相関関係があります。ある程度社会が成熟してしまうと出生率が下がっていって、やがて総人口が減り始めるという局面を迎える。日本は明治時代以降急激に社会が高学歴化し、民主化が進んだことによって女性の地位が向上していって出生率が下

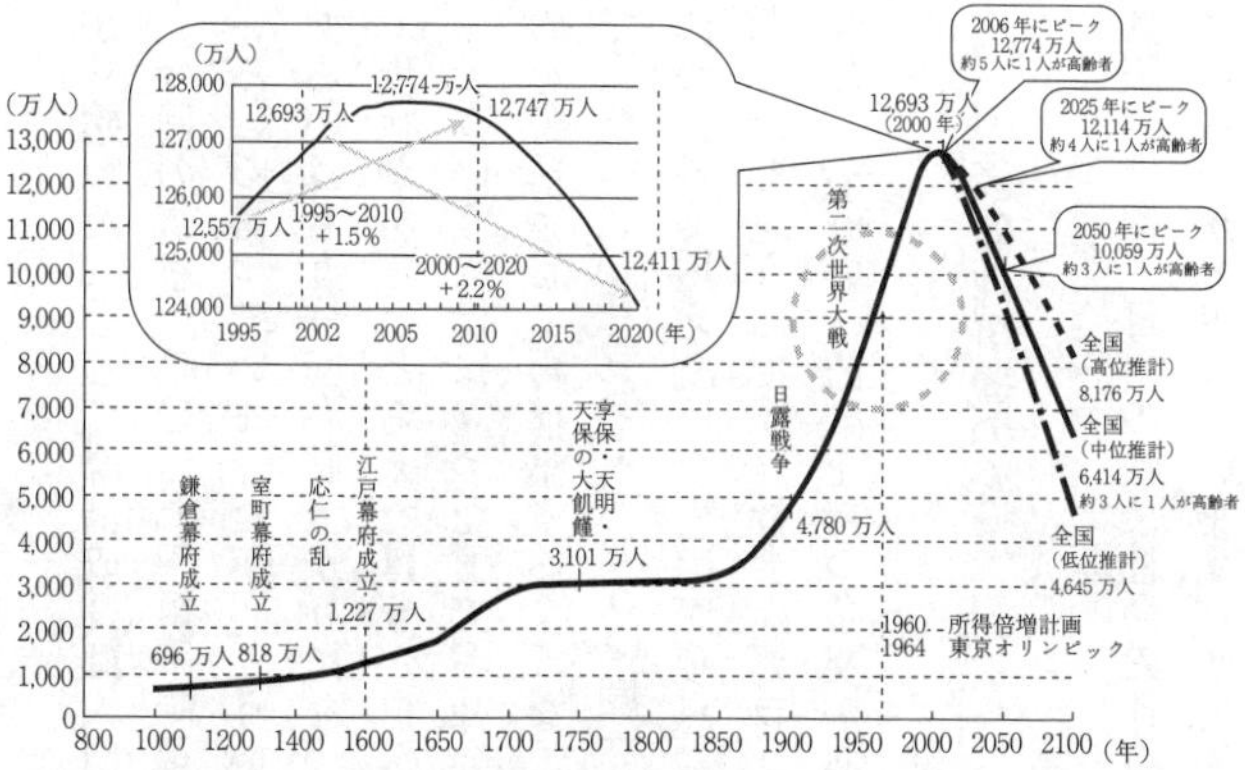

■図表 1　日本の総人口の長期的推移
出典：総務省「国勢調査報告」、同「人口推計年報」、国立社会保障・人口問題研究所「日本の将来推計人口（平成 14 年 1 月推計）」、国土庁「日本列島における人口分布変動の長期時系列分析」（1974 年）をもとに国土交通省国土計画局作成。

がり始めた。そして経済成長は人口の伸びと大きな関係がある。

今回の選挙（二〇〇九年衆議院選挙）でも経済成長率を戻す、出生率を上げるなどいろいろ言っていましたが、こういうのは何か対策を打つことで出生率が上がったり、あるいはもう一回右肩上がりになったりするんじゃなくて、社会が進展した結果として現状があるととらえたほうが自然だと思います。

こういう前提に立った上で、社会が成熟していった時の労働観や価値観といったものを脱構築して再構築するようなことを誰もやっていないんですよ。準備運動すらしていない。「昔の夢よ、もう一度」みたいな話しか聞こえてきません。今は、数千年にわたって増え続けた人口が頂点に到達して、これから減少していく「移行期的混乱期」だと思うんです。社会がガラッと変わっていく時って、ものすごく世の中が混乱する。そういう認識を持つ必要があるんじゃないかと思うんですね。

戦後の仕事観の変遷

鷲田　僕は、日本の戦後社会の仕事観は大きく三つぐらいのフェーズに分けられるんじゃないかと思っています。敗戦後の復興期から高度成長期あたりまでは、働くことのうちに古い言葉で言うと「義」を感じることができた時代だと思うんですよね。電化製品をつくるとか、家を建てるとか、自分たちがやってる仕事が社会につながっている実感があった。人並みの暮らしをするとか、少しでも戦勝国並みに豊かになるためには、目の前の仕事を一生懸命やることだというミッション、義を感じることができた。だから働くことに胸を張れた時代だと思うんです。

それが八〇年代になると高度消費社会に変換していって、消費というものが経済活動の基準になった。それを「ニーズ」なんていうへんてこな言葉でとらえた。ニーズに応えるのが企業だと。義とは関係なしに、「欲望」があって、それに応えるような商品をつくるという発想に変わっていった。ただ、ニーズっていうのはある意味では際限のないものです。

平川　欲望を再生産しますからね。

鷲田　そう。そこに価値判断なんか働かないで、少しでも新しいニーズが出てきたら新しいターゲットとなる。そこにブワーッと人が集中して、そのニーズに応えることには無批判的になってしまう。しかも、付加価値とか何とか言ってサービスも知識も情報も商品になるということになった。高度消費社会は、商品自身が一種の飽和状態になって、企業が互いにパイを喰い合うだけになってもさらに新しい欲望をつくり出そうとした。

平川　喚起する。

鷲田　うん。その欲望を喚起するためにコマーシャルも変わりました。六〇年代ぐらいまでのコマーシャルは、機能を説明するものばかりでしょう。どれだけ便利か、どんな機能がついているか、お母さんがどれだけ楽になるかという具合に。八〇年代のコマーシャルは、文化としてはすごい成熟だけど実際にはイメージ広告ですよね。「こんな生活すてきでしょう」「こんな生き方カッコいいでしょう」っていう。だからタレントを使って、商品の説明は一切ない。

平川　現実的には、身の回りにそういう生活をしてる人いないのに（笑）。

鷲田　いわゆる物や価値の生産から、欲望の生産に移行して企業競争がきつくなっていった。でも、八〇年代はまだ準拠点があったんですよね。それは価値じゃなくて、消費者のニーズという名の準拠点です。

ところがいわゆる金融市場、マネーゲームが表に出てきて、金で金を買うようになった。そうなると外に準拠点を持たないで、内側で金を回すという閉回路をとるようになって、ニーズという準拠点すらもうなくなった。外部との交通がなくなって瓦解せざるを得ないというのは、ある意味では必然だったのかなと思うんですよね。

平川　今、戦後社会を三段階に分けましたが、僕も三段階で見ているんですよ。これは内閣府がつくった「経済成長率の推移」というグラフです（二六〇ページ図表2）。戦後の経済成長率も大きく分けて三つのタームに分けることができます。まさに労働が「義」だった時代、要するに戦後復興の時代は成長率が九・一パーセントで一〇パーセント近いんですよ。それが七三年のオイルショックの時にガクッと落ちます。落ちて持ち直すのかなと思ったら、もう持ち直さないで三パーセントぐらいで推移する。

鷲田　高度消費社会ですら、それだけ落ちてるんですか。

平川　そうです。中曾根内閣をはさんだ前後約一八年が高度消費社会ですね。九一年以降が市場主義の時代です。「牛肉・オレンジの輸入枠撤廃」「輸出規制の撤廃」があったり、国際社会ではソ連が崩壊したり、いろいろなパラダイム転換が起こる。市場主義的な経済が万能になった時でも、経済成長率の平均はわずか一パーセントなんですよ。

鷲田　はぁー。はっきり出てるんですね。

平川　大体一七、八年ごとに、ガクガクと落ちてきている。九・一パーセントから三パーセントに落ち、それが一パーセントにまで落ちて、それがこれからどうなるか。将来のことだからわからないけど、今のほとんどの議論は、この成長を三パーセント

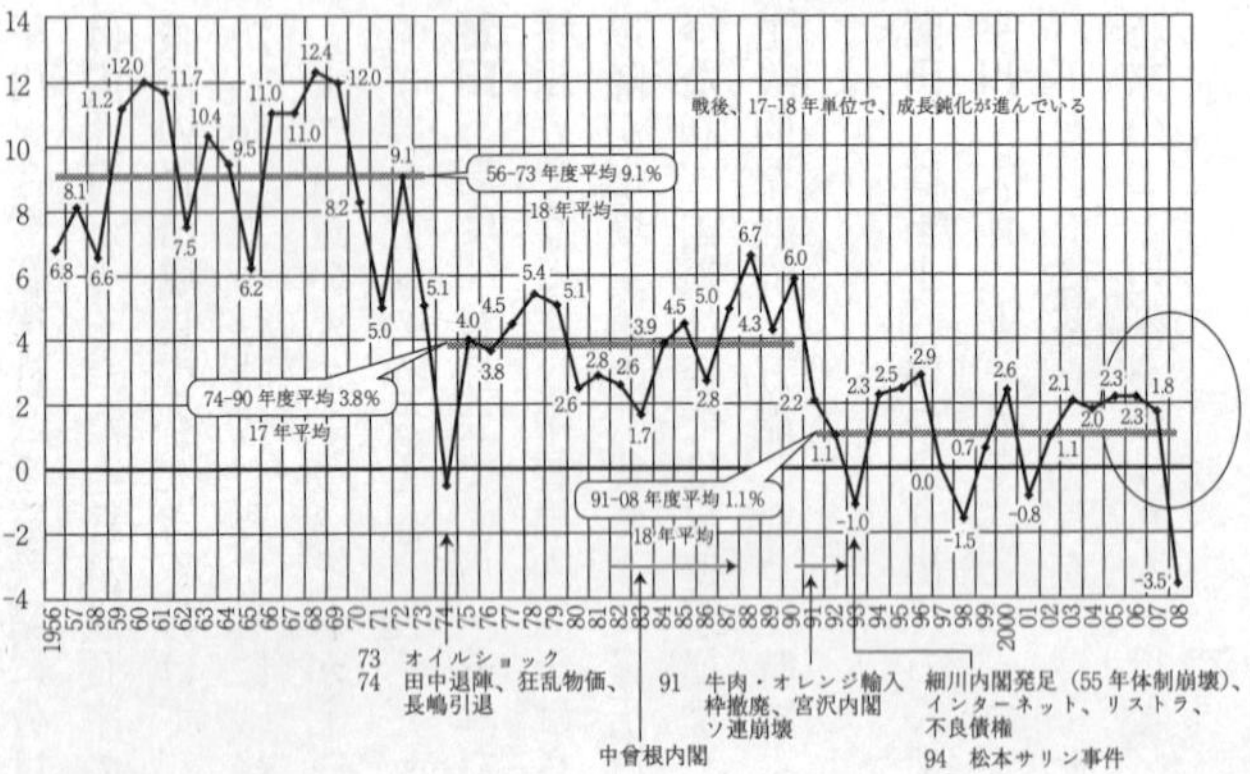

■図表2　経済成長率の推移
出典：「社会実情データ図録」（年表は著者）

ぐらいに戻そうという議論なんです。でも、社会の構造が大きく変わっている以上、何かトリッキーな政策を打ち出したところで大きな趨勢を変えられるとは思えません。

「ほしいものが、ほしいわ」

平川　「マズローの五段階欲求説」にもあるように、肉体の欲求っていうのは、ある程度飽和すると腹一杯になっちゃいますからもういいんですね。またしばらくするとお腹が減って、また腹一杯になる。基本的には繰り返しのサイクルなんです。ところが精神的な満足を求めるようになってそこに欲望が入ると、そこから先は欲望が欲望を生んで拡大再生産しちゃうんですね。欲望は他者の欲望を欲望し、他者に欲望されたいと欲望するという構造になります。だから、ある程度いい物を持ち、いい服を着て、いい家に住むといったライフスタイルを獲得しても、そこで満足しないんですよ。どこまでも拡大再生産していく。幻想の領域ですよね。欲望が幻想化していったプロセスが、七〇年代、八〇年代にはあった。

その原因にはいろいろあると思いますが、吉本隆明さんが「週休二日制」について指摘しています。週休二日制は八〇年代から生まれてくるんですが、当初は週休三日なんていうのもあって、やたらと休日が増えて来た。そうすると人々の意識が、どうやって働くかよりも休日をどうやって潰すかに変化していった。つまり消費の側に立つようになっているわけですね。

鷲田　週休二日は何年から始まるのですか。

平川　まだら模様に進んでいくんですよ。官庁が取り入れたのが一九九二年で、民間では八〇年代ぐらいから週休二日制が取り入れられていきます。

鷲田　あの頃ですよね、週休二日になったのに、土曜日やることがなくって会社に行ってたって（笑）。

平川　そうなんですよ。そういう価値観がまだあって、ちょうど入れ代わる段階です。戦後復興の延長線上でずっと必死に働いていたのが、ホッと気がついたら人間は食うために働いているわけじゃないということになった。そこまでは必然的な流れだと思うんですけど、その後、余暇をもてあますというか、働くことよりも金をどうやって使うかに焦点が移っていったことはかなり大きい。

鷲田　吉本さんの名前を聞いて、吉本さんに最近凝りまくっている糸井重里さんを思い出しました。糸井さんはまさに八〇年代の一種のヒーローですよね。西武百貨店のコピー「おいしい生活。」に代表されるように、ある意味で新しい欲望の創出に水路をつけた人です。ところが、彼が田中一光さんと一緒にやった西武百貨店の仕事を一九九〇年に降りるんです。それから、いわゆる「ほぼ日刊イトイ新聞」とか魚釣りの世界に行ってしまう。そして彼が最後のほうに作ったコマーシャルが、有名な「ほしいものが、ほしいわ」なんですよ。

平川　ああ、なるほど。これはすごいですね。

鷲田　最初「このコマーシャルなんや」って。だって「ほしいものがほしい」って自明のことですから。僕はオーストラリア人の友人に「英語でこれ何て言ったらいい？」って聞きました。直訳したら「I want what I want」になる。「それでいいの？」って言ったら、「それだったら子どもの駄々になる」と。駄々っ子、つまり「ほしい言うたらほしい」ですね。

でも、この言葉に糸井さんが込めたのは、「これがないと堪らん、生きていけない、というぐらい心底ほしいという気持ちがほしい」ということ。だから、「I want to want」と訳せって。ほしいという気持ちがほしいんですね。

これを裏返して言うと、ほしいという気持ちの前に、ほしいものがいっぱい並べられてるような社会ということです。そしてそれを牽引してきたのが、西武百貨店でありパルコだったわけでしょう。

平川 実際には、ほしいものがもうなくなってたんですね。なくなったと同時に、こちら側の欲望というものが見えなくなった。

鷲田 そうなんですよ。

平川 そうなると、行き着くところは金だけになってしまう。

鷲田 だからね、糸井さんは欲望の消失っていうのを見ていたんだと思う。コマーシャル文化として見たら、広告が自己批評する。つまり、欲望を喚起するための俺たちの仕事は実はそれを萎えさせてしまったというパラドックス、アイロニーを見てる。しかも、それがカッコいいコマーシャルとして通用したというのがすごいなと思って。

それでおっしゃるとおり、その後はお金なんですよね。人間の欲望という視点から言ったら、金をいっぱい手に入れて何でも買えるという可能性だけをいっぱい持った人っていうのは、守銭奴になるんですね。逆にケチになっていく。減ることがものすごく恐ろしくなって、ちょっとでも目減りする傾向が出るともう不安になってしまう。それで少しでも右肩上がりでお金がほしくなって、ますます不安になっていく。

これは獲得した異性への嫉妬と同じですよ。やっと自分の自由になる、自分のほうを一〇〇パーセント見てくれる相手を獲得したとなると、その途端に嫉妬深くなるんですよね。相手の目がちょっとでも横に逸れたりしたら、「もう俺のほうを向いていないのか」と。

結局、所有ってそういうもんです。マネーゲームも一種の所有の所有でしょう。所有権を所有するっていう。そうすると、所有を所有する権利を持った人っていうのは、逆に所有することに疲れてしまって、少しでも崩れることを怖がって守銭奴になってしまう。そういう一種の閉回路に陥ってしまう。

平川　今の社会が、ある意味そこに来たんですね。

レイバーとコーリング

平川　本当は日本は一〇年、二〇年遅れでヨーロッパのような成熟国家の地点に来ているはずなのだけど、お隣の中国やインドなどの人口増大国が、凄まじい勢いで経済発展していることもあってか、成熟社会のあり方が考えられていない。でも、僕らの親父もその上の代も考えたことがないんですね。

鷲田　思い出の中に人口が増えていくイメージしかないものね。

平川　遺伝子にないわけです。やっぱり人間って経験したことがないことに直面した時には、どうしても過去に参照項を求める。出会ったことのない局面に自分が立った時に動員できる知的なリソースって何なのだろうって最近よく考えますが、われわれはそういうものを持ち合わせてこなかった感じがしますね。

鷲田　さっき僕は戦後社会から語り出したけれども、やっぱり明治の富国強兵から考えていかなければならないのだと思う。「追いつけ追い越せ」というやつから。より速く、より遠くへ、より多く、より効率的にという価値観が産業社会のエートスとして成立したと思うんです。いわゆる「タイム・イズ・マネー」ですね。この時代がわれわれのメンタリティに大きな影響を与えて、時間意識をそっくり変えてしまいましたね。それから労働観も。

仕事を労働ととらえる考え方を最初に前面に出したのは、一七世紀のロックの『労働所有論』なんです。いわゆる所有権というのは、それに労働を割いた人のものであると。リンゴは、採るという労働をした人のものであると。それから土地を耕したら、耕した人のものであるという考え方が出て来た。ここでいう労働というのは、つまりレイバー（labor）です。レイバーは要するに骨折り仕事ですね。これは仕事をものすごくネガティブにとらえることになる。所有権の根拠ではあるけど、同時にこれは少しでも少ないレイバーでより多くの価値を、と考えるようになります。

平川　効率ですね。

鷲田　レイバーの場合、少なければ少ないほどいい。だから機械化したり、あるいは労働から解放されることが成功であると考える。人を使って自分は資本家になればいいんだと考えるようになって、最後に行き着くのがマネーゲームです。

ところがヨーロッパの人には、もう一つの労働観、コーリング（calling）があります。呼ばれる、あるいは召還されるという意味です。つまり自分の仕事は、ある種の務めなんだと。この務めを果たすべく自分が呼び出されている。それは神から、あるいは社会から、同胞からなどいろいろな考え方はあると思うんです。これはカルバンが出した考え方だから、キリスト教のプロテスタンティズムの労働観ですね。

平川　マックス・ウェーバーにも通じますね。

鷲田　そうです。だから労働観には二種類ある。そういう意味でレイバーというのは、労働のネガティブな価値を代表しています。ところがコーリングのほうは、自分が呼び出されているという感覚が増せば増すほど、充実感が高まる。

平川　今コーリングという価値観が何となく貶められてますよね。

鷲田　貶められてるし、ものすごく歪な形で出ています。若い人がよく就職相談で「僕にしかできないことって何でしょうか」とか「他の人になくて、僕にしかない素質ってなんでしょうか」なんて言うけど、自分にしかできないことっていうのも一つの病だと思うんです。こういう歪な形でしかコーリングの感覚が出て来ない感じがするんですね。

なぜ貧乏自慢をしなくなったのか?

平川「労働とは一体何か」っていうことを原理的に考えていくと、原始的な贈与経済的な姿にまで遡れるのではないかと思います。贈与経済は何かと言うと、つまりは他者とのコミュニケーションです。人に喜んでもらったり、驚いてもらうことです。ギフトっていうのはここから発生していると思うんですよ。そして労働もギフトであると見なすこともできる。忌むべきもので、なるべく少ないほど良いんだという価値観とは対極にある労働観です。

六、七〇年代ぐらいまでは、日本人全体にそういったエートスがある程度残っていたんじゃないかな。僕らは「仕事なんか何だっていいんだ。気持ちを込めて一生懸命やれば、どこかで喜んでくれる人がいる」なんてよく言われたもんです。同時に「お金は不浄なもの」という観念がすごくあった。やたらと貧乏自慢をやっていたような気がするんです。あれって不思議ですね。

鷲田　なるほど。

平川　いつからかその価値観が一八〇度変わってしまった。金がないことは人間として能力もないというふうな見なし方を、若い人たちがある時からし始めるんですね。「人を見る時は靴を見ろ」なんて言ったり、ブランド品を礼賛する風潮が消費文化の中で生まれて来た。誰かが変えようと言ったわけでもないし、同意署名したわけでもないにもかかわらず変わっていった。

ですから、都市化とか社会の発展というのは、そういう方向にいくのが必然なのかなとも思うんです。しかしながら、なぜ貧乏自慢をよしとしていたのか。なぜそういう価値観をわれわれは持っていたのでしょう。

鷲田　今のお話を聞いて二つ面白いなと思ったところがあります。一つは、労働の原型をコミュニケーションととらえたことです。われわれの交換経済は、等価交換ですよね。物々交換にしても、例えばリンゴに見合う何かと等価交換する。それを近代経済学は労働価値として考えた。そこに投入された労働が等価だという理屈が等価交換の論理だったんですよね。

ところが贈与経済というのは、等価交換ではない。交換できないものの交換なんです。つまり、物をやる代わりに他者からの称賛をもらうとかね。交換不可能な、尺度の違う他者との交換だからこそコミュニケーションなんですよね。そうすると等価経済は、本当の意味ではコミュニケーションじゃない。

平川　等価交換は等価のものを交換するわけですから、繰り返されないんですよね。一回交換すると終わっちゃうから。不等価でわけのわからないものを交換し合うと繰り返される。ですから、経済としては等価でない交換が行われたほうが循環型の交換が可能になるとも言える。

鷲田　それから貧乏のほうが金をいっぱい貯め込んでいるやつより美しいという考え方です。貧乏というのは、要するに気前がいいことでしょう。自分が貯め込む前に、人のために使ってしまうということじゃないですか。施しをいっぱいしている人として、すごく良いイメージと重なったと思うんです。

なぜこれが近代社会になったら、貯め込むほうがいいことのように見えるのか。産業社会での経済活動って、ある意味ではアモラルというか道徳とは関係ない純粋合理性の行為のもとに行われていると表面では言われています。でも僕は、本当はものすごくモラルと結び付いていたと思うんです。それこそマックス・ウェーバーが、資本主義の精神とプロテスタンティズムを結び付けたのと同じような意味で言うとね。ロックも産業社会のエートスにおいて、一番いけないことは、レイジー（lazy：怠惰）

でありインコンシデレット（inconsiderate：無分別）であると言っています。そして一番良いのがインダストリアス（industrious）であると。つまり勤勉です。

平川　そこからインダストリー（industry：産業）ですものね。

鷲田　そうそう。そうすると金を持ってないことが、レイジーでありインコンシデレットであることの結果になってしまって、「不道徳だから、おまえは貧しいんだ」という論理になる。それから富を得た人は、勤勉だったからということになる。だから背景には、意外としっかりモラリズムが張りついていることになる。

平川　そうですね。そういう価値観で上手くいっていた時代もあったけれども、どこかでそれが逆転してしまった。本来、勤勉で正直で一生懸命やってるからお金がついてくるという結果が、いつからか金を持っている人は勤勉な人でレイジーではないというふうに、金がまさに勤勉性や聡明性だとかのシンボルになった。だから、みんなそれをほしがる。つまり金で人間のある種の特性を買えると勘違いしたんだと思う。

鷲田　アメリカなんかではそれがエスカレートしましたね。富どころか健康もモラルになっていく。たとえば、経営者で太っている人は、「自分の体の管理もできない人間がどうしてきちんとした経営ができるんだ」っていう話になってしまう。

平川　僕はアメリカで一〇年くらい会社をやっていたんですが、アメリカの人たちって「win-win」っていう言葉が好きなんですよね。だからアメリカ通の人は、プレゼンの中にそれを入れろって言うんですよ。なるほどなと思って、僕も当時はしっかり入れましたよ。でも、win-winっていうのは、僕とお前の両方が得をするけれども、どっかで誰かが損しているから成り立つんですよね。友人の内田樹は、「win-winは嘘だ。lose-loseが本当なんだ」と言うんです。

これってとても日本的なんですね。三方一両損という言葉が昔からあって、これがパートナーシップの基本でwin-winというのはパートナーシップではないと。金を儲けることが、同時にビクトリーであるっていうプラスのイメージと強く結び付いている。でも昔は、お金はマイナスのイメージとかなり結び付いてましたよね。つまりケチやしみったれ、吝嗇なんかと。

鷲田　selfish（利己的な）とかね。

平川　なぜ貧乏自慢をしたのかという話に戻すと、貧乏なのに颯爽としている人は、恐らく金以外の何かを持っているのだろうと見なされたのだと思うんです。それは知識であったり、アートの才能であったりとか。それが多様な世界だと思うんですね。つまり価値が一元化してない。例えば、絵描きなんて貧乏であることがある種の必要十分条件で、貧乏であるがゆえにいい絵を描けるっていうようなこともあったと思うんです。

鷲田　学者もそうですね。奥さんが苦労するイメージがあった（笑）。

平川　ところがその辺がすべて逆転していく。今、多様化の時代とよく言われるじゃないですか。職業だってあれもこれもある。でも、僕は全然多様な気がしないんです。全部収斂してるところはお金になっちゃっている気がして。実はそこを諦めるというか、そこを捨てない限り、多様化なんていう言葉はあまり意味を持たない感じがするんです。多様な生き方っていうのは、今一番強大な権力を持っているマネーを捨てることによってしか獲得できない。金を握りしめたまま多様性なんて言っても、さっきの「ほしいものが、ほしいわ」というところにいかざるを得ないような気がします。

鷲田　おっしゃるようなことは学生の就職先選びに典型的に出ていますね。昔だったら、「僕は金融界に行きたい」とか「自分は自動車産業に行きたい」というように業界で選んでいたんです。ところが八〇年代くらいから「東芝だ」「トヨタだ」というように、業種じゃなくて企業名で選ぶようになった。大体これぐらいの給料で、会社の格はこのくらいでという基準で複数受ける。

平川　今一番良い企業ですね。

鷲田　それからイメージが良いとかね。だから一種の偏差値です。

平川　今一番良いとこに入ると、一〇年後は多分逆転してるんですけどね。
鷲田　なんて選び方だって僕は思いましたよ。

「前傾姿勢」の時間感覚

鷲田　お金を捨てるという覚悟がなかったら本当の多様性じゃないというのは、時間のほうも全く同じです。僕は、産業社会時代の前には右肩上がりの時間と右肩下がりの時間とのバランスがあったと思うんです。より速くという感覚と、「いや急いだらいかん、ちょっと待て」という感覚です。だから工業的なものもあれば、農業的なものがあった。フランスなんかは今でも農業国ですから、そういう面を持っていますね。つまり時間の感覚が二つある。

僕はいつも比喩で使うんですけど、橋の上に立って、上流から流れてくるものを早く見つけて速く取りにいく時間と、下流のほうに流れ去って消えていく時間があると思うんです。

工業においては少しの時間で最大の生産量をめざすべきですが、農業のほうは急いでしまったら最悪なんですよね。熟すギリギリまで待って、夏はしっかりと太陽の陽を浴びさせなきゃならない。前近代的な産業社会は、そういう対立する二つのベクトルをもった時間感覚を一人ひとりが持ち合わせていた時代だと思うんです。ところが一次産業の縮小と同時に、待つという感覚がどんどんなくなっていった。

僕はこれを「前傾姿勢」って呼んでいるんです。未来に目標を設定して、そのために今するべきことを考える。少しでも速くそれを手繰り寄せることばかりを考えるようになる。

実は僕は、経済学者も経営学者も誰も言ってない企業の一つの論理を見つけたんですよ。それは企業の仕事は、すべて「プロ（pro）」って言葉が付いているという説なんですよ。

平川　はあ。

鷲田　ある「プロジェクト」を立ち上げるためには、まず実際に計画に入る前に「プロフィット」の「プロスペクト」があるか、つまり利益の見込みがあるかどうか見当を付ける。いけるとなれば「じゃあ計画つくろう」ということで「プログラム」作りです。そして次は「プロデュース」、生産会社だったら生産対策に入る。商品ができたら今度は販売促進、「プロモーション」をかける。一段落済んだら集金してくる。今は振込みですけど、昔だったら「プロミッソリーノート」、約束手形でもらう。それから、どれだけのコストをかけて、どれだけの収益が上がったかを計算して、利益が上がっていたら会社は「プログレス」、つまり前進した、成功だと。

平川　なるほど。

鷲田　最後にオチがあってね、この「プロジェクト」を担ったやつには「プロモーション」が待っている、つまり出世するわけです。企業活動というのは、要するに最初に「プロジェクト」を立ち上げるところから昇進まで、全部「プロ」なんですよ。

平川　先読みですね。「前傾姿勢」ということですよね。

鷲田　あらゆる企業は、いち早くトレンドを読む。それも今年じゃなくて来年、再来年先まで読んだ企業が風を感じ得たということで勝ちとされる。だからセンスも前のめりになってくる。この時間感覚を改めて、「プロ」っていう言葉で自分の仕事を語らずに事業を考えるぐらいの覚悟が必要でしょう。

平川　そうですよね。結局「プロ」で考えてしまうと現在をないがしろにするんですよね。

鷲田　要するに、未来のために今すべきことを考えるのは、現在を犠牲にすることです。

平川　今はゴール指向が強いですね。ゴールを定めて、そこまでいかに短時間で最短距離で行くかにばかりこだわってしまう。アメリカ型の戦略指向って全部それなんですね。

鷲田　中期目標、中期計画ばかりでびっくりしますね。

平川　大事なのはプロセスでしょう。でもこれも「プロ」ですね（笑）。

確かに、最終的には時間のとらえ方の違いっていうことが、この間の価値観を大きく揺さぶったものだと思います。例えば米作りだったら百八十日待つとか、二百十日で台風とか。

鷲田　機が熟すのを待つ。

平川　けれども待ちきれなくなって、温室で促成栽培を始めるようになる。

鷲田　農業ではそれが一番まずいんですよね。最近、農業に関心持つ人がすごく増えている。女優さんや元モデルさんまで山に行って畑仕事することが流行になっているけれど、時間感覚を入れ換えたいという気分があるんじゃないかな。

リベラルとは気前がいいことである⁉

平川　最近、モバイルゲームと言って携帯電話を使ってやるゲームがあるんですよ。その中に『コロニーな生活plus』っていう若い人に人気のゲームがあります。毎日二万人くらいがやっていて、全体ではおそらく五〇万人くらいが参加しています。自分で土地を持って、貯水池をつくって、農場や木を植えていくんです。このゲームにはゴールがないんです。新参者がそこに住み着いて開拓を始めると、空気と水と酸素が足りなくなる。そうなるとアラート状態になるんですけど、面白いことに助けてくれるんです。他のユーザーがいろいろなところから助けに来てくれる。

鷲田　えー、そんなことがあるんですか。

平川　「水を供給しますよ」って。インターネットの世界って誹謗中傷ばかりが目立つけど、あれを見てると、「まだ捨てたもんじゃないな」という気になる（笑）。

鷲田　それが成熟社会だと思いますよ。ちょっと前に自己実現という言葉をずいぶん聞きましたけど、それと並んで自己責任や自立なんかが流行った。だから戦後社会は、だんだん「自」が甚だしくなっていく社会なんですね。でも、みんな自立するということを独立することと取り違えていると思う。つまり依存してたら自立じゃないっていう考え方。でもこれ、嘘ですよ。だって自立してるフリしているだけですから。世帯主だって、「俺が食わしてやっている」って顔してるけど、それは家事や介護をしないで済んでるからであって。

平川　自分一人では何もできないことがわかった時が、自立なんでしょうね。

鷲田　今の助けが来るっていう話で思い出したんだけど、自立というのは、いざとなったらインターディペンデンス（interdependence：相互依存）の仕組みをいつでも使える状態にあることだと思う。いざとなったら誰かが助けてくれるようなネットワークを、自分できちんと用意できているのが本当の意味で成熟、一人前ということじゃないかな。

平川　そうなんですよね。僕自身もいろいろな会社をやってきましてね、大きい会社も小さい会社も経験があるんですけど、やっぱり小さい会社はいいんですよ、すごく。もちろんお金はないし、大きなことはできませんけど、長く続けていくといろいろなことが起こって、小さい会社同士が助け合う。今、格差社会と言われているけど、格差社会をつくった大きな原因は、いわゆる市場原理主義がどんどん進んだこともあるでしょうが、もう一方で困った時に助けてくれる人がいないんじゃなくて、相談する人がいなくなったということもあると思うんです。

昔だったら、親や親戚に泣きついたりすると、「しょうがねぇな」って。場合によっちゃ知らないおっさんまで「しょうがねぇな」って助けてくれたりしたけど、今はそうではなくなった。個人の立場で言えば、借り風呂とかお醤油を借りたりとか貧乏長屋ではよくあった。

鷲田 僕も親がいない時は、隣の家で飯食わしてもらいました(笑)。

平川 企業社会においても、これからそういう互助的な経済が生まれてくるんじゃないか。逆に言えばそうせざるを得ない状況になっていくんじゃないかなと思いますね。

鷲田 僕は、近代社会の時間のことやモラリズムの話をしたけど、もう一つ異様だと思うのは、さっき言った「世帯主」と「扶養家族」という言葉が嫌いなんですね。妻、子ども、おじいちゃん、おばあちゃんは、旦那にぶら下がっているみたいなイメージじゃないですか。何を言ってるんですか、支えてやっている面も同じだけあるわけでしょう。でもそう思えない感覚が当たり前になってきた背景には、通勤っていうのが大きく影響しているように思う。つまり生活している場所では働かずに、よそへ行って働くようになった。

僕の親父は建築職人で家の近くで働いていたし、しかも路地に住んでいました。向かいの家は人形のケース屋さんだったしね。そこのお父さんはいつでも家で仕事をしているわけです。働くっていうことが、生活する場所の中にきちんと見える形で根を下ろしてたわけですよ。そうすると労働にはレイジーなところがあることも全部見えてくる。「あのおっちゃん、今日は酒飲んどるのとちゃうか」とかね。それから仕事の合間に、町内の用事で今度のお祭りの準備もしている。仕事場っていうのは、労働だけするとこじゃなかった。

平川　確かにそうですよね。

鷲田　それから、納品の締め切りが迫っている時は夜も必死でやってる姿を見ているわけです。だから、働くことが孤立してなくてね、どっかに行って仕事するのではなくて生活の中にあった。遊びとも交わってるし、町内のお務めとも交わっている。それから、「もう借金せな、今月はやっていけんのちゃうか」という厳しさみたいなものも渾然一体となっていた。

平川　僕は、自分のうちが工場だったんです。今思い出して一番好きな風景ってありますよ。三時の休憩に工場労働者がみんな日向に集まって、お茶を飲んで噂話をしたりしているあの光景がすごくいいんですね。みんなそこに住み込んだりしていますから、職住接近の中で働いていてオンとオフがそれほど截然とは分かれてなかった。

それがいつからか「週末は仕事を忘れて、スカッシュで汗を流すのがカッコいい」みたいなコマーシャルが流れるようになって、どうも違うんじゃないかなと思ったことがあったんです。やっぱりそこが変わり目だったんでしょうね。仕事は嫌だから、なるべく集中して短時間で片付けて、得た金で自分の余暇を楽しもうというふうになっちゃったから、どんどん仕事が貶められる方向に向かっていったんじゃないかなと思いますね。

鷲田 そうそう。子どもながらに、この人は仕事だからやってるのか、楽しんでやってるのか、遊びでやっているのかわからないことを目撃するんですよね。

平川 そういうふうに仕事を考える人が少なくなりましたね。そんな環境がなくなってきたかもしれません。

鷲田 僕の一番好きなシーンと言うか複雑な思いでもあったんですけど、職人さんの一人が僕より四つか五つ歳上で中学を出て来てたんです。近くに下宿してるんだけど一緒に我が家で朝御飯を食べる。仕事に行く前にご飯を食べさせてもらうんですよ。僕は、中学から受験校へ行ってしまったんで彼とは全然違う環境だし、話すこともなかった。だから、何だか呵責みたいなものもあるのだけど、仕事の愚痴を言うのも聞いているわけです。家族じゃないのに、そういうものを同じ食卓で感じられたのは、ものすごく強烈な思い出としてあります。

やっぱり電車に乗って一時間もかけて職場へ行くのは、ちょっと異様ですよ。

平川　もしも百年、千年後の人たちが今の満員の通勤電車を見たら、「一体あの人たちは何をやってたんだろう」と思うんじゃないかな。

鷲田　さっきの「プロ」と並んで最近発見してわくわくしたのが「リベラル（liberal）」という言葉の意味なんです。哲学をやっているせいかもしれないけど、「自由」っていうのが一番の意味だと思い込んでたの。

平川　僕もそう思ってますよ。

鷲田　でもね、リベラルという言葉は英和辞典を見ると、「自由な」という意味は四番目にしか出てこないの。一番目は「気前がいい」なんですよ。例文にある「He is liberal of his money」は、金を自由にできるという意味じゃなくて、金離れがいいっていう意味なんですよ。

平川　ほぉー。なるほど。

鷲田　二番目の意味が「たっぷりある」、三番目が「寛容である」と。そして四番目に「自由主義の」とか「自由な」って出てくる。今度は、リベラルの名詞を調べてみると「リバティ（liberty）」ではなくて「リベラリティ（liberality）」という言葉を見つけたんです。リベラリティが気前のよさっていう意味なんです。

だから贈与経済につながるような本当の意味での自由というのは、インディペンデントじゃなくて、「人に振る舞ってやる自分こそが自由だ」っていうような広々としたものだったのだと思います。それが知らない間に、四番目の「自由な」という意味が一般的になってしまって自由概念が狭くなってきた。だからリベラリティの本来の意味を取り戻さなければと思います。

証拠はないのだけど「タイム・イズ・マネー」ってベンジャミン・フランクリンの言葉だとされています。この言葉も、「時間はお金ほど大事なものなんだ。だから、自分の時間を人にもっと振る舞え」という意味で考えることもできるんじゃないかと思うんですよ。

平川　なるほど。でもそうだったのかもしれませんね。どこかで意味が反転したのかもしれない。発達心理学なんかが教えるように、人が楽しいとか、あるいは人が笑ってるのを見て、初めて自分も笑うことを覚えるわけですからね。それは他者との関係性の中でしか実感できないわけです。ですから、まさにリベラルが「俺は自由だ」って言った瞬間に、他者を全部切り捨てて自分は何をしてもいいんだということになると、それは何でもできるかもしれないけど喜びはなくなる。

鷲田　そう。だから気前のよさの交換みたいなイメージでリベラルという言葉を考えたほうがいい。

「危機」という言葉に乗ってはいけない

平川　人間はそういうことがやっぱり好きなんでしょうね。社会においても、そのくらい大きなパラダイム変換がこれから起きてくるのだと思います。だから今は百年に一度の危機なんかじゃない、大きな転換期に立っているんだっていう認識を持ちたいですね。政策担当者にそれを求めても無理なんでしょうけど、せめて哲学者と経済学者はね。

鷲田　このことを言う時には、一つだけ気をつけないといけないことがあります。さっき、今の僕らの社会は、未来のために現在を犠牲にしている社会だと言いました。つまり未来にゴールがあって、そこから逆算して今すべきことを考える社会だと。でもね、日本でそういう考え方が浸透した時に出てきた流行語の一つが、「ナウい」って言葉だったんですよ。今の子は絶対使わないけど。

この言葉の意味は「現在を充実させる」と思うかもしれないけど、そうじゃなくて、あれこそ「今っていうのは、何か古いものが終わって未知の新しいものが始まる瞬間だ」という形で、「ナウ」を際立てたんですよね。だから、やっぱりこれも前のめりで前傾姿勢なんです。常に新しくて違うものを求めている感性です。「ナウい」という言葉が決して現在を輝かせているわけじゃないんですよ。

そう考えると、「百年どころじゃないぞ。人類始まって以来の危機だぞ」っていう言い方は、次に来る新しいものに対しての前のめりをまた助長してしまう可能性がある。これは、なかなか言い方が難しい。

平川 難しいですね。僕の書いた本には、「結論がない」「対応策が書いてない」っていう批判が必ず寄せられるんですよ。

鷲田 でも、どうなるかわからないから危機なんですよね。

平川 そうなんですよ。今、私たちはつまり、「将来、先の先はわからない」ということを伝えるために書いたり話したりしているつもりですけど、なかなかそこは伝わらないことが多い。もちろん届く人には届くのだけど、届かない人には届かない。

鷲田 「危機」っていう言葉に乗ってはいけないんじゃないかな。

平川 そうですね、危機と言った瞬間に思考停止になる。

鷲田 二〇世紀は、ある意味では「危機、危機」と言い続けてきた世紀ですね。未曾有の危機とか人類始まって以来の危機ということを言い続けることで、かろうじて生き延びてきた面もあるんじゃないかと思っています。

平川　危機が好きなんですよ。

鷲田　別に本当は危機でもなくってね……。

平川　立ち止まって考えて、見るべきものを見るっていうことなんでしょうね。でも、今の社会ではなかなかそれができないですね。それを許してもらえないところがある。大学なんかもそうじゃないですか（笑）。

鷲田　今の大学はね。

平川　本来、大学はそういうことを一番考えなければいけない場所だと思うんです。

鷲田　もちろん。本当そうですよ。

平川　明日、明後日のために、一番いい就職先を斡旋する場所じゃないですもんね。

鷲田　斡旋なんかできない。大学教授なんて、就職活動をしたことのない人間ばっかりだからね（笑）。

（初出『公研』二〇〇九年九月号）

むすびにかえて

二〇一〇年の元日の新聞にこんな記事が掲載された。

総務省発表。新成人（一九八九年生まれ）は一二七万人で、推計を開始した六八年以降過去最少となった。これは第一次ベビーブームの四九年生まれの成人人口二四六万人の半数である。人口動態としては、死亡数が出生数を七万五〇〇〇人上回り三年連続の自然減で、この減少幅は戦後最大。

読み飛ばしてしまいそうな小さな記事だったが、わたしにはこのニュースの持つ意味は同じ日の他のどんな記事よりも重要であると思えた。大きな変化が進行しているが、多くのひとびとがその意味の大きさに注意を払おうとしていない。いや、判ってはいるのだが何となくぼんやりとやり過ごしている。それは、見ようによっては未来に対して泰然としているようにさえ見える。性急な対策が必要だと叫ぶことよりは、ある意味で健全なことなのだが、同時に自分たちが生きている時代について重要なことを見逃しているということでもある。

第一次ベビーブームからたかだか四〇年の後に、新生児の数が半数になったのである。これは、ほんとうは驚くべきことであり、そこにどんな理由があり、どんな意味が潜んでいるのかということは、考えてみるに価することである。そして、それを考えるということは、おそらくはわたしたちが生きてきた歴史に対する考え方そのものを考えるということでもあるだろう。なぜなら、人口が急激に、しかも長期的に減少していくことに関して、わたしたちも、わたしたちの祖先も考えたことはなかったし、その必要もなかったのだ。こういった前代未聞の事実を前にして、わたしたちはどのような考え方をしたらよいのだろう。

本書は、まさにそのことをひとつの「問い」として立てたことからはじめられた論考を綴ったものである。

まえがきにも書いたが、本書はビジネス原理論三部作の完結編として企図されたものである。しかし、わたしが立てた問いはわたしの思考を、ビジネスから大きく逸脱させて戦後日本人の集合意識の変遷の解明へと導いていった。

もちろん、その中心にあるのは日本人の労働に対する意識というものが、戦後どのように変化していったのかということと、もし変化したとすればそこに加担したものは何だったのか、そしてこの変化の中に何か必然のようなものが隠されているのかを知ることにある。

当初はビジネス三部作などと意気込んだが、三作目はビジネス論を開始する以前の、ビジネス社会に伏流している集団心理を紐解くというところまで後退する結果になったのである。

作業を進めるうちに、わたしは戦後の日本の労働の現場に持ち込まれたいくつかの制度、たとえば男女雇用機会均等法であるとか、週休二日制とか、労働者派遣法といったものについてもう一度、歴史的な文脈の中で考えてみたいと思った。

そして、これらのあらたに加えられた制度が、日本人の労働意識にどんな変化をもたらしたのか、あるいは日本人の労働意識のどんな変化がこれらの制度を労働の現場に導入せしめたのかを検討してみようと思ったのである。

ところで、労働について、それも労働意識について語ることについて、最初わたしは躊躇を覚えた。なぜなら、それは必ずわたしじしんの意識をバイアスした言葉で語ることになるからである。

別の言葉で言えば、どこまでいってもそれはわたしの狭量な知見が作り上げた印象世界を記述することから逃れられないと思ったからである。

戦後日本人の意識の変遷について、どこかに客観的な指標というものがあればよいのだが、そんな便利なものはあるはずもなかった。

わたしが日本人の意識の変化について語ることは、単にわたしの感想文を書き連ねることにならないだろうか、というのがわたしの最初の躊躇の理由である。

いつの時代にあっても、老人は過去を懐かしむ。昔はよかったと思う。その理由は、過去を美化するというよりは、人間は善きことだけを選択的に記憶する傾向があるからだ。もちろん、悪いことだけを選択的に記憶する傾向を持つ人間もいる。だが、それは問題ではない。重要なのは、記憶はそれを持っている誰にとっても、なんらかの強い指向的な選択によって編まれた物語であるということだ。

そこにどんな選択性があるのかについて、ひとりの普通の人間について考えてみよう。

かれにとっての昔とは、かれが最も精力的に生きた若き日々が息づいていた時代でもあった。ある年代を過ぎたときから、過去は生きてきた時間の分だけ膨らんでいくが、未来はその分だけ縮んでいくように思えてくる。確か、沢木耕太郎だったと思うが、若い頃は自分は何でも出来ると思っていたが、ある年代を過ぎると出来ることと出来ないことが地図のようにはっきりと見えてくると書いていた。

何でも出来ると思っている自分が生きていた時代の風景は、まさにその未知性のゆえに輝いていたとはいえないだろうか。分かりきった人生など面白くもおかしくもない。

ほんとうは、分かりきった人生などはなく、ただそう思える浅薄で無鉄砲な、未知への憧憬を持つことができることが若さの特権だというべきだろう。

そして誰でも、自分が最も輝いていた時代というものを記憶のなかに大切にしまっておく権利がある。

かれはことあるごとに、意識的に、あるいは無意識的に何度も過去を振り返ることになるだろう。そうやって過去を取り出して眺めているうちにそれはひとつの物語になる。

過去を取り出して眺める都度、そこにかれの現在の欠片《かけら》が付け加えられるからである。

だれでも、自分の過去の物語をもっている。それは、わたしにとっても同じだ。過去に起きたことについて語るとき、それが客観的な事実についてであったとしても、誰もが我知らず、自分がその光景のどこかに映り込んでいる物語として過去を取り出すのである。そして、わたしが語る過去の背景の片隅に映り込んでいるわたしじしんの肖像は、わたしじしんがかくあって欲しいと思う過去の自画像に似ている。

そんなわけで、わたしにとって、わたしが若かったころの記憶は何ものにも代えがたいものだが、それについて語ることは現代の問題に関していかなる指南力も持たない。


とはいえ現代を生きるということに関しての指南力だけは示しておきたいという野心がなければ、本書を書く意味もまたなかったのだ。過去について自分の物語だけを語っても、それは現代の問題を解決するよすがにはならない。わたしは、じぶんを離れたところからどうやって日本人の意識の変化について語りうるのかを、自分の課題にする必要があった。

そんな思いから、官庁が発表している統計や、インターネットの中の統計サイトを渉猟し、いくつかの定量的な数字を拾い集めているうちに、なるほどこういうことになっているのかというところまではたどり着くことができた。

ただ、同時に統計的な数字にはどこか作為的なものが紛れ込んでいるようにも思えたのである。いつも問題になるのは、統計は一定のサンプルから得た情報をもとに作られたものだということである。いったいそれらの統計数字の中には、わたしが生きてきた時代の隣人たちの声が反映されているのか。それとも、わたしの狭い交流の範囲の中にいたひとびとは最初から統計の母集団から除外されているのか。

わたしは、統計数字はひとつの客観的な指標だが、この客観的指標の中だけに時代を読み解く鍵が潜んでいるわけではないと考えたのである。

そこで、実際に戦後の日本を生きてきた幾人かのひとびとの話を直接お伺いしようと思った。その中には、大正一三年生まれのわたしの父親も含まれていた。


本書の執筆中、わたしは母親を亡くした。享年八二であった。最初は大腿骨の骨折ということで、たいしたことはないと思っていたのだが、癌治療のための転院を境に容態は急激に悪化し、あっけなくこの世を去ってしまった。

以後、わたしは八五歳の老いた父親と二人暮しをすることにした。これまで、会社の仕事にかまけて日常は妻にまかせっぱなしだったわたしの生活が、これを境に一変した。会社を終えると、実家の近所のスーパーで食材を買い込み、夕食の支度をし、父親と差し向かいで夕食を食べる。時間を見つけて洗濯、アイロンかけ、風呂の掃除などをする。主婦がやっていることを、すべて自分がやらなくてはならなくなったのである。

こうして、老いた父親と毎日顔を突き合わせ、これまでほとんど話らしい話をしてこなかった父親との濃密な時間を過ごすことになった。新しくはじまった日々は、辛いとか苦しいとかいうことは全くなく、案外楽しいものであるのだが、自分の自由な時間がほとんどなくなってしまったのには閉口した。

もちろん、よいこともたくさんある。この間に老いた父親を間近に見、話をするなかで、これまでほとんど見過ごしてきたことや、あらためて発見することがあった。とくに、老いるとはどういうことなのかについて、この時期につぶさに観察し、考えることができたというのはわたしにとっては意図しない収穫であった。

八五歳の老人にとって、将来の夢ということは意味を持たない。死はすぐ近くにまで忍び寄ってきており、いつ娑婆からおさらばすることになるのかという状況にある。それでも、自暴自棄になるわけでもないし、とりたてて暗くなるわけでもない。多くの時間は、炬燵に入って瞑目している。傍から見れば過去を思い出しているように見えなくもないが、当人は衰えてゆく身体と、物忘れの激しい頭を抱えて、緩慢な時間の中に身を置いているだけかもしれない。

八五歳の老人と、還暦の男の生活にとって、しなくてはならないことといえば、なにはともあれ食うことである。それ以外に生産的なことは何もない。それでも、毎日毎日よくこれほどのゴミがでるなと思うほど、多くのゴミを排出しながら生活している。人間の生活にとって根本的なことは、食って、寝て、排出して、また食って、寝てという繰り返しである。こんなことに意味があるのかなどとは思わない。それが生きるということであり、もしこの生活が続いていくのなら、それはある意味でわたしが待ち望んでいたことでもある。

この繰り返しには、ゴールというものがない。

この繰り返しには、進歩という観念もまたないのである。

父親の実家は埼玉県の農家であったが、後妻の長男ということで早くから実家を出て東京の今の場所に移ってきた。裸一貫でプレス工場をはじめたが、生活も貧乏のどん底からのスタートであった。高度経済成長期にはある程度の恒産が残ったが、それでも下層中流といったところであった。わたしは、そんな父親の財産の管理のようなこともしているが、下層中流の日本人が戦後の混乱期をくぐりぬけ、高度経済成長、相対安定期を経て、気がつけば、戸建の家とわずかな現金を残していたということに、驚きの念を禁じえないのである。それは、わたしの家に限ったはなしではない。同じ時代に同じ町に住んでいた同級生、同窓生の家もほとんど似たり寄ったりの生活振りであり、相続遺産もまた似たようなものであった。大きな成功者もいないが、悲惨な落伍者も少なかった。

高度経済成長から相対安定期までの戦後の半世紀とは、下層中流の人々が一生懸命働いていればそれなりの恒産ができるようになるまでの時間であった。

それ以後の時間。つまり九〇年代以降の日本は、成功した先進工業国家として世界の中でも第二位のGDPを誇り、多くの中流のひとびとは、以前に比較すればはるかに旨いものを食い、綺麗な服を身にまとい、快適な家に住んでいる。

しかし、自分も含めてこの世代の人間たちが、齢八〇を越したときにはどれだけの恒産が残っているのだろうかと思う。

九〇年以降の日本は、都市化、民主化、消費化の頂点に向けてひた走ってきたつもりが、前世代の築いてきたものを文明の進展と同じスピードで蕩尽してきたかのようにさえ思えるのである。

本書には結論というものはないが、戦後六十余年のスパンの歴史を眺めてみたときに、成長ということのピークを超えた現象が、確実にその景観を広げているということだけは言っておきたいと思う。それは歴史の必然的な過程であり、とりたてて騒ぎ立てるほどのことではないとも思う。もしこれからのわたしたちの時代に悲劇があるとすれば、それは下り坂に入ったひとつの国家のメンバーがそれに気づかずに成長の夢を見続けることであり、結果として夢と現実が大きく乖離してゆくということにあるとわたしには思える。

成長の夢から覚めてみれば、今日と同じような進歩も退化もない平凡な明日が続くことは悲劇でもなんでもない。それが、新しい時代の幕開けであり、それこそわたしたちが望んでいた社会への転換点であったと気が付く時がくるだろうとわたしは信じているのである。

最後に、本書の出版にご尽力いただいた筑摩書房の喜入冬子さんと、これまで長い間、助言と激励をいただいた安藤聡さんに、お礼を申し上げたい。そして、本書を今病院のベッドで闘病中の我が同居人の父親と、昨年他界した母親の墓前に捧げたいと思う。

註

1 『日本の歴史をよみなおす（全）』網野善彦、ちくま学芸文庫、二〇〇五年、一四頁。本書は、いままでの日本の歴史区分である原始、古代、中世、近世、近代というものとは異なる時代の転換点というべきものを論証した野心的な研究である。

2 「社会実情データ図録」http://www2.ttcn.ne.jp/honkawa/4400.html より転載。尚、本図録には下記の注記がある。
（注）年度ベース。93SNA連鎖方式推計ベース（GDP80年度以前は63SNAベース）。平成21年4-6月期二次速報値〈平成21年9月11日公表〉。平均は各年度数値の単純平均。
（資料）内閣府SNAサイト

3 http://www.mext.go.jp/b_menu/shingi/chukyo/chukyo0/toushin/04122001/013/001.htm
文部科学省ホームページより。

4 http://www.ipss.go.jp/syoushika/seisaku/html/111b1.htm

5 http://www.mlit.go.jp/singikai/kokudosin/kaikaku/7/shiryo3-2.pdf

6 『危機の宰相』沢木耕太郎、文春文庫、二〇〇八年、二〇三―二一〇頁

7　『昭和が明るかった頃』関川夏央、文春文庫、二〇〇四年
8　『映画の中の昭和30年代――成瀬巳喜男が描いたあの時代と生活』片岡義男、草思社、二〇〇七年、一五頁
9　同前、五三頁
10　『日本の100年』日本国勢図会長期統計版改訂第四版。第11章　国民の生活、五〇六―五〇七頁。矢野恒太記念会編集、発行二〇〇〇年一二月一日
11　『危機の宰相』前掲
12　「ファンキー・ジャズ　デモ」同人誌『塩分』一九六〇年一二月、『新日本文学』一九六一年五月転載。『粋な旋盤工』岩波現代文庫、二〇〇〇年に所収。
13　『プロテスタンティズムの倫理と資本主義の精神』マックス・ウェーバー著、大塚久雄訳、岩波文庫、一九八九年、四〇―四一頁
14　『庶民の発見』宮本常一、講談社学術文庫、一九八七年、二二五頁
15　『逝きし世の面影』渡辺京二、葦書房、一九九八年、一九七頁（現・平凡社ライブラリー）
16　『日本の100年』前掲
17　『セブン‐イレブンの経営史』川辺信雄、有斐閣、二〇〇三年
18　『重層的な非決定へ』吉本隆明、大和書房、一九八五年、六八頁
19　『資本論　第一巻（下）』筑摩書房「マルクス・コレクション」今村仁司、三島憲一、鈴

木直訳、二〇〇五年
20 『日本の100年』前掲
21 『アメリカの民主政治（下）』アレクシス・トクヴィル、井伊玄太郎訳、講談社学術文庫、一九八七年、二一一―二一二頁
22 同前、二一四頁
23 『株式会社という病』平川克美、NTT出版、二〇〇九年、一三七頁
24 http://www2.ttcn.ne.jp/honkawa/4663.html
25 『歴史の終わり』フランシス・フクヤマ、渡部昇一訳、三笠書房、一九九二年、一九二頁
26 http://www.tdb.co.jp/report/tosan/syukei/0901.html
「倒産集計」帝国データバンクウェブサイトより。
27 http://www.stat.go.jp/data/jigyou/2006/kakuhou/gaiyou/08.htm
総務省統計局より。
28 「社会実情データ図録」http://www2.ttcn.ne.jp/honkawa/2740.html より転載。
29 「社会実情データ図録」http://www2.ttcn.ne.jp/honkawa/2770.html より転載。
30 『読売新聞』二〇一〇年三月一八日「介護保険10年」
31 『文明の衝突』サミュエル・P・ハンチントン、鈴木主税訳、集英社、一九九八年
32 『文明の接近――「イスラームvs西洋」の虚構』エマニュエル・トッド／ユセフ・クルバージュ、石崎晴己訳、藤原書店、二〇〇八年

解説　僕たちの「移行」と「混乱」について

内田樹

渋谷の道玄坂を上がり切る少し手前に百軒店という一画があった。ストリップ劇場とラブホテルとブラックホークとデュエットという二軒のジャズ喫茶と（平川君の大好きだった）ライオンというクラシック喫茶が建ち並んだ「戦後的」な空間だった。僕たちがそこにアーバン・トランスレーションという会社を立ち上げたのは一九七七年、二人とも大学を卒業してぶらぶらしているときのことだった。坂の下の三叉路には１０９の代わりに恋文横丁があった時代の話である。

起業（という言葉はまだ存在しなかったが）したのは翻訳会社だった。翻訳業界に入ったのは僕の方が少し早くて、大学在学中に、アラビア半島に政治的なミッションを帯びた旅に出る竹信悦夫がある翻訳会社のインハウス・トランスレイターとデリバリー・ボーイを兼ねたバイト（平たく言えば「丁稚」である）の席を僕に譲ってくれた（竹信は僕の大学時代の親しい友人で、まことに奇遇という他ないが、本書のもうひとつの解説を書いてくださっている高橋源一郎さんの灘校時代の親しい友人でもある)。

バイトを始めてしばらくして、人手が足りなくなって、社長から「誰でもいいから連れてきてくれ」と言われて、無聊をかこっていた平川君に声をかけた。僕はしばらくしてそのバイトを辞めたが、平川君は大学卒業後そのままその会社に就職し、二年後に彼が独立するときに、まだ無職だった僕に声をかけてくれたのである。

僕たちにとって幸運だったのは、起業したのが、まさに翻訳業界が歴史上たった一度経験した異常な繁栄期だったことだった。当時の日本は「プラント輸出」の全盛期を迎えつつあるところで、総合商社を中心にして、「ダムひとつ」「鉄道一式」「火力発電所ワンセット」というような豪快なスケールでアジア・アフリカ・中南米にものを売りまくっていた。それに伴うドキュメント(契約書からインストラクションマニュアルまで)の翻訳仕事がキロ単位で商社やメーカーの文書課から吐き出されてきた。僕たちの仕事はそれを自宅でこりこり仕事をする翻訳者たちのもとに届け、回収してタイプアップしてクライアントに納めるというごくシンプルなものだった。マーケットそのものが急坂を転げ落ちて行くように拡大してゆく(という比喩は適切なのだろうか)仕事だったので、会社は倍々ゲームで売り上げを増やしていった。

僕は大学院の博士課程に進学したのをきっかけに会社から離れたが、平川君はそれから後さらに三十年会社経営を続け、ヨーロッパやアメリカでも起業した。経験は質量ともに桁違いだが、それでも一緒に過ごした数年間に僕たちはビジネスについて、あるいは広く経済について、もっとも原理的なことを学んだように思う。

それは経済活動においては、そこで「ぐるぐる回っているもの」（商品と貨幣）には実は副次的な価値しかなくて、ほんとうに重要なのは、「何かをぐるぐる回すこと」を可能にする人間的資質だということである。

僕たちは日本語をほとんど解さない外国人のトランスレイターやクライアントと愉快に仕事をしていたし、扱っていたドキュメントの中身について（電気工事用語から法律用語まで）も正確には理解していなかった。それでもそのことは仕事を円滑に進める上で何の問題もなかった。僕たちはクライアントに対してもトランスレイターに対しても、たいへんフレンドリーだったからだ。価格はリーズナブル。クレームに対しては土下座対応。ピックアップもデリバリーもどんな競合業者より速かった。あそこに頼むと「話が速い」ということが僕たちの会社の最大の取り柄だったように思う。

それは僕たちの会社に「力があった」ということではない。資金力もなかったし、事業のノウハウも知らなかったし、コネクションもなかった。でも、「トップスピードでものをぐるぐる回す」ことがビジネスにおける最優先課題だということは直感的に理解していた。

たいせつなのは「スピード」である。そして、それを担保するのは最終的には「頼むよ」「わかった」という固有名と顔を持った生身の人間の間に通る「パス」の精度だけだ。どうすれば必要なときに、最短距離で、狙い澄ましたようにこの「頼むよ」「わかった」という「パス」がぴたりと通るネットワークを構築できるのか。ビジネスを始めてしばらくして、僕たちはそのことを集中的に考えるようになった。それは単純に仕事の質や競合他社との価格差でつくられるものではない。金の話ではないのだ。金の話をしているのだが、金の話をしているわけではない。

それはサッカーで必死になってボールを追っているプレイヤーたちが別に「ボールの話」をしているわけではないのと同じである。「オレは家の金庫にボールを一〇〇〇個持っている」というようなことを自慢するサッカープレイヤーはいない。問題はボールをどんなふうに受けて、どんなふうに捌いて、どんなふうに流したかというパフォーマンスの質だけである。ビジネスでも同じことだ。問題は金でもなく仕事でもなく商品でもなくサービスでもなく、「回ってきたもの」をプレイヤーがどう受けて、どう捌いて、どう流したか、そのときのフットワークやステップの切り方やパスラインの意外性である。

何年かビジネスをしてきて、平川君も僕もそのことを理解した。その教訓は深く身にしみている。それからあと、二人はそれぞれに違う仕事をしてきたが、「ものをぐるぐる回すために必要なものは何か？」という問いから関心が離れたことはたぶん一度もない。平川君はその問いをビジネスの実践と研究の中で、僕は同じことを教育実践と武道修業を通じて考えてきた。そして、現段階でふたりがたどりついた暫定的な結論もよく似ている。

それはひとことで言えば「金のない奴はオレんとこへ来い」ということである。別に「オレ」が大金持ちだからそういうことが言えるわけではない。実は「オレもない」のである。でも、心配するには及ばない。心配しないで済むのは、「金のない奴」同士である僕たちに向かって「金のない奴はオレんとこへ来い」と呼んでくれる人が別にいるからである。やれうれしやとその人のところに行くと、その人も残念ながらやっぱりお金がない。でも、その彼に向かって「オレんとこへ来い」と呼んでくれる人がいる。ぞろぞろとみんなでそこへ行く。ところが、その人もやっぱり……これが「ぐるぐる回る」ということである。不思議なもので、こうやってぐるぐる回っていると、金はないのだが、なんとか生きてゆけるのである。ぐるぐる回ることによって何かが生成したからである。

「わらしべ長者」という話がある。たぶんご存じだと思うが、こんな話である。男がわらしべを一本持って旅に出た。顔の周りにあぶが飛んでうるさいので、それをつかまえてわらしべに縛って持ち歩いていた。すると向こうから来た子供が「あのおもちゃが欲しい」と言い出し、子供の母親がミカン一個と交換してほしいと頼んできた。あぶとミカンを交換して、また歩いていたら、喉が渇いて死にそうだという旅人に出会った。ミカンと交換に旅人は反物をくれた、その次は反物と死にかけた馬を交換し、最後は元気になった馬と家一軒を交換し、というふうに交換を続けているうちにとうとう男は長者さまになりましたという話である。

この物語には交易というものの本質がよく現れている。それは交易をしようと思ったら、「移動し続けよ」ということである。自分が持っているものから癒やしや慰めや喜びを引き出せる人に出会うまで、移動し続けよということである。物語を表層的に読む人は、あるいはここに商品のクレバーな交換しか見ないだろう。だが、この物語のかんどころはそこにはない。よく読んで欲しいけれど、この男は「自分が欲しいもの」を求めて歩いていたわけではないからだ。「誰かが欲しがるかもしれないもの」をなんとなく手にぶら下げて、それに救いや愉悦を見出す人に出会うまで歩き続けたのである。手に持っていたものに内在的な価値があったわけではない。「わらしべに縛り付けたアブ」はそこに「わくわくするようなおもちゃ」を見出す子供が出現するまで、まったく無価値なものである。価値はモノに内在しているのではなく、それに「価値がある」と思うものの出現によって生成する。ある種のケミストリーによって価値が無から生まれる。それが交易の奇跡である。たいせつなのは、その奇跡を信じて、ひたすら「歩く」ことである。歩き続ける限り、そこに交易のチャンスがあり、自分が持っている「役に立ちそうもないもの」のうちに死活的に重要な価値を見出す人と出会うチャンスがある。だから、男が最後に馬という高速移動手段を不動産と交換して、その交易の歩みを止めたところで物語は終わるのは当然なのだ。それがハッピーエンドを意味するのかどうか、僕にはわからない。何となくそうではないような気がする。

そういうわけで、平川君と僕も相変わらずの「交易の旅」を続けている。僕らが手にしているのは「わらしべにアブを縛り付けたもの」のような、なんだかその用途も有用性も知れないものである。でも、どこかの子供が「これ、欲しい！」と言い出して、ミカンと交換できるかもしれない。レヴィ＝ストロースによれば、そういうものを手にしている人間がひとりごつ言葉がある。

「こんなものでも何かの役に立つかもしれない（Ça peut toujours servir）」という

のがそれである。これも「金のない奴はオレんとこへ来い」と並んで、僕たちがたどりついた経済活動についての「根源的な真理」の一つである。

なんだかとりとめのない話になってしまったが、僕が言いたかったのは、『移行期的混乱』というこの本のタイトルには「移行」と「混乱」という「激しい動き」を意味する言葉が二つも含まれているということである。この語の選択には平川君の好みがあきらかに無意識的に映し出されている。彼は「移行」も「混乱」もどちらも好きなのだ。それによって、今まで市場で「ぐるぐる回っているもの」の本態的な価値が疑われ、「いったいオレたちは何のゲームをしていたんだ?」というラディカルな問いが主題化することを彼は望んでいる。市場規模がどうであろうと、平均株価がいくらであろうと、為替レートがどうであろうと、そんなことは副次的指標に過ぎない。ものが「ぐるぐる回っている」限り、人間は交易をしている。交易をしている限り、人間はそのために必要な制度を考案し、そのために必要な人間的資質を必ず育むはずだ。平川君はたぶんそういうふうに考えていると思う。

この本もまた彼にとっての「わらしべ」であると僕は思っている。誰かがそれを「欲しい」と思ってくれたときに、その書物はそれ以外のどの書物も持つことがなかった輝きを獲得する。そういう多くの読者に出会えますように。

解説　時代が語るときの声

高橋源一郎

平川克美さんの『移行期的混乱』は、刊行された直後に読み、わたしは深い感銘を受けた。すぐに、（内田樹さんに紹介されてお会いした）平川さんは、わたしにとって「内田樹さんの親友」ではなく、一つの大きな、解読してみたいと強く誘われる対象になったのである。今回、文庫化にあたり、久し振りに読み返し、もしかしたらこれは、最初に読んだとき感じたものより、遥かに重要な本なのではないかと思った。この本に書かれてある内容に似たことは、どこかで読んだことがあるような気もする。けれども、どれも、この本のようには書かれていない。そのことが、わたしの心に強く残った。

まず内容について書いてみたい。タイトルの「移行期的混乱」は、平川さんの造語だろう。誰もが、このことばで表現される事態があることを薄々とは勘づいていたが、誰も、このように名指すことはなかった。

もしかしたら、ずっと後になって、この本を読む人は、「これは『3・11』の後で、それを受けて書かれたものだ」と思うかもしれない。なぜなら、ここで書かれているのは、「3・11」の後、一気に顕在化することになった、この国が抱えてきた問題の本質だからだ。しかし、この本は、「あの日」よりも以前に書かれていたのである。

おそらく、この「世界」に住むわたしたちの誰もが、気づいていることがある。それは、世界がすっかり変わってしまった、ということだ。あるいは、世界は果てのない混乱に陥っている、ということだ。ある年齢以上の世代にとって、それは、かつてのような豊かな世界がもう戻って来ないだろうという漠然とした哀しみを伴って考えられ、それから、ある年齢以下の世代にとっては、どう考えても明るい未来などないのではないかという、言葉にできない絶望感と共にある思いだ。では、なにが変わってしまったのか。

ここからは、平川さんの指摘に従って説明してみよう。

戦後日本の経済成長は、高度経済成長期、相対安定期、そして停滞期の現在へと、階段を降りるように鈍化してきた。人口もまた二〇〇六年をピークにして減少に転じた。それも、有史以来初めての出来事だ。つまり、わたしたちの国は、初めての事態に立ち至ったのである。ひとことでいうなら、「拡大」から「縮小」へ、である。繰り返していわねばならないのだが、それは、日本人にとって（もしかしたら、世界のどの国にとっても）初めて迎える状態だった。つまり、過去のどんな経験も役に立たないのである。それが避けられない事態であるなら、最善の形で受け入れる他はないだろう。だが、どんな場合においても「初めての事態」は混乱を巻き起こすはずである。心身共に、人々は、その異例でかつ困難な状況を拒否しようとするからだ。それを平川さんは「移行期的混乱」と呼ぶのである。

「わたしには、人口減少局面とは、民主化の進展によって女性の地位が向上し、家族形態が変化し、関係が分断され（むしろ進んで孤立化し）、個人中心の生き方ができるところまで文明が進んだことの複合的な結果であり、自然としての人間と文明化した人間が作り出す社会形態のアンバランスを調整しようとする、歴史的な文脈の中で起きてきた出来事だと考えた方が自然なことのように思える」

わたしたちは「近代」という時代と、それから「資本主義」という制度の下で生きてきた。それが、わたしたちの知っている「すべて」であった。そこで、わたしたちは、こんなことを経験したのだ。

それはまず、生きていくためには働かなければならない、ということであった。そして、働けば働くほど豊かになる、ということでもあった。だから、わたしたちは「より良き未来」のために働いた。それは、確かに自分のためでもあったけれど、家族のためであり、また自分の所属しているなにか、たとえば会社のためでもあった。そして、日々は過ぎ去り、わたしたちは豊かになった。いや、豊かになったと信じた。だが、ふと周りを見回したとき、なにかがすっかり変わっていることに気づいたのである。いつの間にか、外で見かける子どもたちの姿が減っていた。いたるところで老人の姿を見かけるようになっていた。家に戻っても、いるはずの家族の姿が見えなかった。彼らは、みんな、自分の部屋に閉じこもり、自分だけの楽しみを見つけていた。そのとき、ふと、わたしたちは、目も眩むような恐怖に襲われたのである。いったい、わたしたちは、どこに向かって走ってきたのかと。もしかしたら、社会もまた、個人のように、長い時間の果てには老いてしまうのかもしれない。そして、わたしたちは、史上初めて、老いた社会の中で生きることに気づいた人間なのかもしれないのだ。

わたしは、平川さんのことばに導かれながら、この本を読み、そんなことを考えた。

繰り返すけれど、平川さんが書いたようなことを、どこかで、学者や研究者や評論家の誰かが書いたりいったりしたことはあったのかもしれない。そして、それを、わたしは読んだことすらあったのかもしれない。だが、なにも覚えていないのはなぜだろう。

ここで平川さんは、「働く人」として書いている。「それを経験したひとりの個人」として書いているのである。平川さんは、かつて自分の書いたこんな文章を引用している。

「昭和三〇年代には、まだ車はそれほど一般的な乗り物ではなかったと思う。わたしは大田区の南の外れの町工場の町で生まれたが、家の前の道路はまだ未舗装であった。付近には草深い空き地があちこちに散在しており、まだ防空壕が残っていた。戦時の名残りである防空壕は、悪ガキ連中にとっては興味津々の洞窟であり格好の遊び場であった。……中略……。

カメラの部品などを製造する小さなプレス工場であった我が家は、落語に出てくる貧乏長屋のような棟続きの家屋の一隅に、数機のプレス機械を並べた粗末なものであったが、朝鮮戦争の特需の影響もあってこの頃より急激に羽振りがよくなる。都市化の象徴であるテレビが入ったのは町内で一番目か二番目だったと思う。金曜日の夜には、近所の職人や工場で働く職工さん達が工場の二階にある六畳のテレビ部屋に集合し、『人間山脈プリモカルネラ』やテンガロンハットを被った陽気な悪漢『ジェス・オルテガ』といった異形のものたちを、力道山がカラテチョップでなぎ倒す光景に熱中した。大人たちは野球やプロレス観戦に集い、よく喋りよく笑っていた。当時のひとびとの屈託の無い笑い顔をわたしは今でも時々思い出す。それから間も無く3Cの時代がやってくる。3Cと言っても今の若い人には分かるまいが、カー、クーラー、カラーテレビが復興と繁栄の象徴でもあったのだ」

平川さんは、「高度経済成長の底辺」で、仕事にのめり込んでいった多くの労働者たちのひとりの息子として成長した。その父を、いま、大量に生まれた「後期高齢者」のひとりとして介護する立場にある。同時に、平川さんは、変貌する社会の中で全身を鞭打って中小企業を経営する人たちの友人であり同志であった。そして、彼らは、いまも苦闘を続けている。平川さんが、この本の中で、「戦後」や「近代」を振り返るとき、その視線は、研究者のそれではない。それは、その時代と社会の真ん中で生きた人びと、その社会を中心で支えた人びと、「彼ら」の視線なのである。

平川さんは「旋盤工として働きながら、すぐれた小説やルポルタージュを発表してきた小関智弘」さんについて、語っている箇所の最後にこう書いている。

「わたしは、『昨晩もよなべだったよ』という何度も聞かされた父親の言葉を思い出す。

『それが、働くことと、生きることが同義であるようなひとびとなのですね』と、わたしは、以前、小関さんから頂いたお手紙の中に書かれていた言葉を口にした。

それに対するこたえとして小関さんはひとつのエピソードを語ってくれた。

それは、あるとき池上本門寺の近くのテーラーに背広をつくりに行ったときの話である。テーラーの親父が、一通り採寸をすませた後で『あなた、ひょっとして旋盤工ですか』と言ったのだという。

『旋盤工は、左肩が下がるんですよ。足もふんばるので、ガニまたになっちゃってね』

小関さんも凄ければ、この洋服屋もまた凄い。

わたしの父親は、右手の人差し指と中指は第一関節のところで切断されている。左手の中指も同様である。プレス屋にとっては指を落とすことはほとんど、勲章のようなものであったのかもしれない」

わたしは、ここに「平川さんも凄い」と付け加えたい。この本の中では、わたしたちの「時代」の運命が語られている。それは、「客観的に」ではなく、まるで「時代」自身が自分の運命を語っているように、である。そのようなものだけが、壁を打ち壊し、見知らぬ読者のところにまで言葉を送り届けることができるのだ。

本書は二〇一〇年九月、筑摩書房より刊行された。

ちくま文庫

移《い》行《こう》期《き》的《てき》混《こん》乱《らん》
——経《けい》済《ざい》成《せい》長《ちょう》神《しん》話《わ》の終《お》わり

二〇一三年一月十日　第一刷発行

著　者　平川克美（ひらかわ・かつみ）
発行者　熊沢敏之
発行所　株式会社　筑摩書房
東京都台東区蔵前二―五―三　〒一一一―八七五五
振替〇〇一六〇―八―四一二三
装幀者　安野光雅
印刷所　株式会社精興社
製本所　株式会社積信堂

筑摩書房サービスセンター
埼玉県さいたま市北区櫛引町二―六〇四　〒三三一―八五〇七
電話番号　〇四八―六五一―〇〇五三

ISBN978-4-480-43025-0 C0136